儿童时间管理课

ERTONG SHIJIAN GUANLI KE

陈裔荞　陈芊羽◎编著

中国纺织出版社有限公司

内 容 提 要

现实生活中，由于很多父母本身缺乏时间观念，生活作息不规律，孩子们会受到很多负面影响。要想帮助孩子学会充分利用好时间，让孩子改变做事情拖延懒散的坏习惯，父母就要从自身做起，给孩子树立好榜样；要想让孩子养成珍惜时间的好习惯，让孩子成为时间的主人，父母就要注重培养孩子的时间意识，帮助孩子养成珍惜时间的好习惯，给孩子营造良好的家庭氛围，让孩子真正感受到一寸光阴一寸金。

本书以亲子关系为基础，教会父母们如何引导孩子把控时间，成为时间的主人。

图书在版编目（CIP）数据

儿童时间管理课 / 陈裔荞，陈芊羽编著. --北京：中国纺织出版社有限公司，2022.7
ISBN 978-7-5180-8483-8

Ⅰ. ①儿… Ⅱ. ①陈… ②陈… Ⅲ. ①时间—管理—儿童读物 Ⅳ. ①C935-49

中国版本图书馆CIP数据核字（2021）第067935号

责任编辑：张 羽　　责任校对：高 涵　　责任印制：储志伟

中国纺织出版社有限公司出版发行
地址：北京市朝阳区百子湾东里A407号楼　邮政编码：100124
销售电话：010—67004422　传真：010—87155801
http://www.c-textilep.com
中国纺织出版社天猫旗舰店
官方微博 http://weibo.com/2119887771
三河市延风印装有限公司印刷　各地新华书店经销
2022年7月第1版第1次印刷
开本：880×1230　1/32　印张：5
字数：118千字　定价：49.80元

凡购本书，如有缺页、倒页、脱页，由本社图书营销中心调换

针对于儿童的时间管理，苏联大名鼎鼎的教育实践家和教育理论家苏霍姆林斯基曾经说过这样一段话，儿童的时间安排应该包含丰富精彩的活动，这样才能丰富孩子的知识和能力，促使孩子的思维得到发展。与此同时，还能保护孩子在童年时代的兴趣与爱好，使孩子的心灵更加充实。

很多父母在教育孩子的过程中都不知道这段话所蕴含的道理，或者他们即使知道这些话是正确的，也因为受到残酷现实的逼迫而不得不对孩子提出过高的期望，在安排时间时恨不得把孩子变成一个不停旋转的小陀螺，让孩子一天不吃不睡、不眠不休地保持学习的状态。这样涸泽而渔的方式，对于孩子的可持续性发展是非常不利的，还有可能使孩子对学习产生逆反心理，失去快乐的童年。

对于儿童而言，最好的学习方式就是通过游戏领会和感悟道理，学习和练习技能。很多教育家提出了在游戏中学习和玩耍的理论，但是现实的教育压力却把很多父母逼入困境。这些父母既想让孩子无忧无虑地度过童年时光，在欢乐中丰富心灵，充实思想，又不想眼睁睁地看着孩子在学习上陷入被动的状态。尤其当身边的很多孩子都在上各种各样的补习班，甚至每天都在奔波忙碌学习知识和技能时，父母会更加紧张焦虑。这些孩子每到了周末就要上大量的课程，这使他们在周末比周一到周五更加忙碌。不得不说，从儿童时间管理的角度来看，这是极大的败笔。

孩子还小，他们需要依靠父母生活，对父母特别信任。如果父母不能以孩子的身心发展特点为基础，制订符合孩子身心发展规律的时间计划，而只是强求孩子必须把每分每秒都用于学习，那么孩子很容易就会对学习感到厌倦。虽然对于孩子而言学习的时间是非常宝贵的，但孩子玩耍的时间比学习时间更加宝贵。因为孩子并没有力量去与父母抗争，所以当他们对父母制订的时间计划有异议的时候，就会故意表现出懒散、拖拉等行为。孩子这样的举动，往往会让父母抓狂，有些父母还会情绪失控，对着孩子大吼大叫。

既然学习已经占据了孩子的很多时间，那么父母在引导孩子进行时间安排的时候，要更加侧重于教会孩子管理时间，让孩子能够在保证学习的基础上有更多的时间用于发展兴趣爱好，并得到充足的休息，这样孩子才能在学习的过程中感受到快乐，也能让学习保持可持续性发展。

不可否认的是，大多数孩子都缺乏自律性，他们在做事情的时候很容易受到外界的干扰，也会因为受到一些事情的吸引就三心二意。这使孩子对于时间的利用和安排是有所欠缺的，有些孩子总是被时间牵着走，不管做什么事情都觉得时间不够用。为了彻底解决这个问题，父母要学会培养孩子的自律性，让孩子从被动地接受父母的时间安排到主动地进行时间管理，成为驾驭时间的小主人，使孩子在时间管理方面变得更加从容和高效。

孩子小时候所需要做的事情是很少的，他们即使慢慢悠悠也能做完自己该做或者想做的事情，还有很多时间可以用来休息娱乐，但是随着不断成长，孩子需要完成的事情越来越多，他们就会感到分身乏术。在这种情况下，父母要教会孩子安排时间的技巧，那就是对事情按照轻重缓急进行排序，并且可以适当地删除那些既不重要也不紧急的事，让孩子把有限的时间用在关键的地方，从而避免因时间不够产生紧迫感。

最重要的是，孩子正处于人生中至关重要的成长时期，过度劳累会透支孩子的生命和精力，只有坚持劳逸结合，孩子才能保持可持续性发展。所以父母与其压迫孩子争分夺秒地利用时间，还不如教会孩子更多的技巧和方法，让孩子灵活地充分利用时间，提升效率，用最短的时间高效地完成更多的事情，这是时间管理的终极目的。

总而言之，时间是组成生命的材料，如果时间不复存在，生命也就无所依托。不管在什么情况下，孩子只有做到主宰和掌控时间，才能真正地成为生命的驾驭者。

编著者

2021年12月

第一章　培养时间观念，形成时间意识 ‖ 001

- 002　带着孩子一起认识时间
- 006　时间都偷走了什么
- 012　遵守时间是美德
- 018　生日时光：时间一去不复返

第二章　改变不良习惯，争分夺秒提升时间利用率 ‖ 023

- 024　赖床把一天打了五折
- 029　戒掉拖延，让孩子变成效率达人
- 032　按时午休，下午精神倍增
- 036　父母不要帮忙穿衣服

第三章　统筹安排，让时间"变身" ‖ 043

- 044　统筹安排是什么意思
- 049　哪些事情可以一起做
- 053　统筹安排与三心二意的区别
- 057　长期、中期与短期计划

第四章 形成家庭作息规律，

全家总动员防御"岁月神偷" ‖ 063

- 064 邀请孩子一起制订家庭作息规律表
- 067 父母要带头遵守作息规律
- 071 周末也要坚持规律作息
- 076 假期的华丽蜕变

第五章 快与慢，谁说了算 ‖ 081

- 082 什么是快，什么是慢
- 086 如何让时间过得更快
- 090 如何拓宽时间的宽度
- 093 提升效率是关键

第六章 分清楚轻重缓急，

让时间始终用在"刀刃"上 ‖ 099

- 100 以轻重缓急区分不同的事情
- 104 马上处理紧急且重要的事情
- 107 暂缓处理紧急但不重要的事情
- 110 及时处理重要而不紧急的事情

第七章　坚持自律，才能成为时间的小主人 ‖ 115

- 116　自律的孩子更自由
- 119　让孩子自主安排时间
- 125　激发孩子管理时间的热情
- 128　拆分目标，让成功指日可待

第八章　合理规划，做时间的领跑者 ‖ 133

- 134　三思而后行才能节省时间
- 138　一日之计在于晨
- 141　一年之计在于春
- 145　时间的主人善于分身

参考文献 ‖ 150

第一章

培养时间观念，形成时间意识

缺乏时间观念使很多孩子出现浪费时间、拖延、磨蹭等各种各样的行为，父母为此焦虑不安。要想让孩子养成珍惜时间的好习惯，就要培养孩子的时间观念，帮助孩子形成时间意识，只有这样，孩子才能从时间的奴隶变成时间的主人，才能真正地掌控和驾驭时间。

带着孩子一起认识时间

12岁那年,鲁迅来到三味书屋,跟随寿镜吾老先生读书学习。在三味书屋里,鲁迅度过了五年的时光,他不但学习到了很多知识和做人的道理,还养成了良好的习惯。鲁迅坐在三味书屋的东北角,至今为止,他的书桌依然摆放在纪念馆里,书桌上雕刻的"早"字特别引人注目。

鲁迅为什么要在书桌上刻"早"字呢?原来,鲁迅小时候家境优渥,生活非常富裕。后来,他的祖父被捕入狱,父亲常年卧病在床,家里越来越贫穷。小小年纪的鲁迅不得不帮助妈妈分担家务,有的时候,在上学之前,他还要跑到当铺里去当掉一些东西,换了钱给父亲买药,然后把药送回家里,才能去学校。

有一次,父亲的病突然变得严重,鲁迅不得不一大早就在当铺和药店里来回奔波。等到他忙完家里的事情赶到三味书屋的时候,已经迟到了。老师非常生气地训斥鲁迅,说:"你已经十几岁了,还不知道求学上进,总是贪睡懒觉。下次,你如果再迟到就不用来了,我也不是你的老师了。"听了老先生的话,鲁迅羞愧地点点头,他没有为自己辩解,而是低着头回到座位上。第二天早晨，他很早就来到学校，用刀在硬木课桌上雕刻了一个"早"字，从此之后，他不管家里有多忙，再也没有迟到过。

父亲的病时好时坏，鲁迅和以往一样依然需要拿各种东西去当铺里换钱，再为父亲买药，然后才能上学。又因为母亲非常劳碌，他还主动承担起了很多家务活，为了避免迟到，他只能更早起床，等到把家里所有的事情都做完之后，再赶去学校上课。在一段艰苦的日子里，他常常因为时间来不及，只能快速地奔跑在家和药店之间。然而，每当看到书桌上的"早"字，他就感慨万千，想道：我又一次战胜了自己、战胜了困难，我一定能够按时到校，用功读书！

鲁迅的精神是值得我们学习的。古人云："由俭入奢易，由奢入俭难。"从艰苦的生活到奢华安逸的生活是很容易的，但是如果过惯了舒适的日子，突然之间要吃苦受难，会感到非常难熬。鲁迅恰恰经历了这样的一个过程，他小时候生活无忧无虑，但是在十几岁的时候却家道中落，不得不承受生活的艰难，但是他从未放弃过，也没有因此而灰心绝望。他战胜了一切困难，战胜了生活的困顿，最终成为了一代文豪。

小朋友们也应该向鲁迅先生学习，学习鲁迅先生战胜困难，不因为任何事情而耽误学习的时间。正是因为有这样的成长经历，鲁迅对于时间的感悟才会那么深刻。他说过，时间就像海绵里的水，挤一挤总还是有的。的确如此，对于很多人都

儿童时间管理课

不能做到的事情，鲁迅通过争分夺秒地奔跑最终完成了。在此过程中，他变得越来越顽强。后来，在国家危机的时刻，他以笔为枪，成为了一位战斗的文人，为民族呐喊。

那么，如何才能教会孩子认识时间呢？很多孩子因为年纪小，并不知道时间是什么。对于孩子而言，时间的确是一个很抽象的概念。给孩子一个苹果，孩子会观察到苹果是圆的，颜色红彤彤的；给孩子一个香蕉，孩子会发现香蕉是长长弯弯的，颜色是黄的。但是对于时间，孩子却很难观察到相应的特征。明智的父母应该带着孩子一起看到时间，例如，早晨太阳从东边升起，中午的时候太阳在正头顶，然后等到下午的时候，太阳就要从西边落山了。这样一来，孩子至少会知道早晨、中午和下午的概念。当孩子对于时间的流逝有了明确的感知，接下来就可以带着孩子认识更加细致的时间特征了。例如，在带孩子出去玩的时候，可以给孩子定时，让孩子看到手机上的时间，在时间过半时，再让孩子来看一下手机上的时间，最后等到时间结束的时候，告诉孩子游玩的时间已经结束了。如果父母坚持这么去做，孩子对于时间的概念就会越来越强，他们也会知道时间虽然看不见摸不着，但一直在滴滴答答地往前走。他们会从珍惜游戏的时间到珍惜学习的时间，渐渐地形成时间意识，树立正确的时间观念，也养成珍惜时间的好习惯。

在这个世界上，时间是唯一对所有人都公平的东西。一个

培养时间观念，形成时间意识 第一章

人不管是年迈还是年轻，男性还是女性，贫穷还是富有，时间对他们都一视同仁。每个人每天只有24小时，每个小时只有60分钟，每分钟只有60秒。正是在这样的时间流逝中，生命悄然而逝。鲁迅先生说过，时间是组成生命的材料，浪费他人的时间就是谋财害命。那么，浪费自己的时间呢？则无异于浪费生命。所以我们一定要珍惜时间，成为时间的主人。

除了有手机、闹钟等计时的工具之外，为了帮助孩子们认识时间，父母还可以使用更多有趣的工具。例如孩子往往对枯燥的东西不感兴趣，那么父母可以为孩子准备一个沙漏。沙漏通常以五分钟或者十分钟为标准。在刷牙的时候，孩子就可以以沙漏来计时五分钟。父母还可以为孩子准备番茄闹钟。番茄闹钟是一种非常好的计时工具，通常计时一个小时。在时间到达之前，番茄闹钟会发出滴滴答答的声音催促孩子加快速度，在时间到达之后，番茄闹钟就会铃声大作。以上所说的这些方式都能让孩子明确感知到时间的流逝。

有些孩子特别喜欢画画，父母可以引导孩子一起画画。例如，让孩子画一画一天之中的不同时间段，太阳分别在天空中的哪个位置。在绘画的过程中，孩子会认真仔细地观察太阳的位置，也会在用画笔画出流畅线条的过程中感受到时间的可贵。

总而言之，孩子并非天生就认识时间，也并非天生就有时间意识。父母一定要给予孩子引导，把时间从无形变得有形，

让枯燥乏味的生活变得充实有趣。这样一来，孩子对时间的感受才会更加深刻，也才会主动自发地珍惜时间。有些细心的孩子可能还会发现，时间在高兴的时候过得很快，在伤心的时候过得很慢，这其实是时间的相对概念。当孩子提出这个奇怪的现象时，父母可以借此机会给孩子讲一讲时间的相对概念以及与此相关的知识，从而让孩子知道时间虽然对每个人都是公平的，但是每个人因为有不同的情绪、感受和心理体验，所以感受到的时间长短是不同的。从主观上来说，这是人们不同的心理和情绪在发挥作用。当有了这个奇妙的发现，孩子们都会感到非常好奇，觉得新鲜有趣，也会由此激发出对于时间的强烈兴趣，对时间有更加深刻的认知。

时间都偷走了什么

到了暑假，娜娜就要自己留在家里度过漫漫长日了。妈妈几次三番催促娜娜要抓紧时间写作业，娜娜却不以为然地说："时间还早着呢！现在距离开学还有两个月，我完全可以等一段时间再开始写作业。"看到娜娜胸有成竹的样子，妈妈心中暗暗想道：你现在觉得时间还长着呢，只怕到了真正要开学的那一天，有你哭鼻子的时候！

想到这里，妈妈决定就以这次暑假给娜娜一个深刻的教训,否则每次寒暑假她都要催促娜娜写作业,这让自己感到很疲惫。毕竟娜娜现在已经上小学三年级了,应该学会管理时间和自己了。想到这里,妈妈对娜娜说:"好吧,今年的暑假作业就交给你自己主动完成,从现在开始,妈妈不会再催你了。"妈妈话音刚落,娜娜高兴得一蹦三尺高:"真的吗?真的吗?妈妈,你真的不会再催我了吗?"妈妈郑重地点点头,说:"当然,我说到做到。"果然,时间一天天地过去,妈妈再也没有催过娜娜。即使看到娜娜整天看电视,妈妈也不吭不声。爸爸却有些沉不住气了,几次三番地提醒妈妈:"暑假已经过半了,娜娜的暑假作业还没写一个字呢,难道你真的不管她了吗?"妈妈对爸爸说:"我不管她,你也不要管她,我这次一定要让她知道时间虽然看不见摸不着,但却是有脚的,会偷偷地溜走,还会偷走很多宝贵的东西呢!"

娜娜每天睡到日上三竿才起床,起床之后磨磨蹭蹭地洗漱吃饭,下午又出去玩或者看电视,晚上则坐在电脑前打游戏。日子就这样一天一天地悄悄溜走,娜娜完全把暑假作业抛之脑后。正如妈妈所预料的那样,转眼之间还有一个星期就开学了,娜娜仿佛大梦初醒一般,突然想起自己的暑假作业还没有写呢。她赶紧拿出暑假作业来看,惊讶地发现暑假作业居然那么多。娜娜忍不住嘀咕道:"天啊,作业这么多!"妈妈故作轻松地回应道:"你可是三年级的学生了,暑假作业怎么可能还和一二年级一样呢?"看到妈妈幸灾乐祸的样子,娜娜很生

气,但是一想到自己这么长时间都没有写作业,她只好生生地把这口气咽了下去。

已经痛痛快快玩了50多天的娜娜想要收心,却发现没有那么容易。她尽管知道自己应该写作业了,但是她很难让自己保持专注,也不能当即就进入认真学习的状态。整个上午,她都坐在书桌前对着暑假作业大眼瞪小眼。一上午过去,娜娜才完成了一篇作文的第一段。看到这样的效率,娜娜不由得发起愁来:天呐,除了好几篇作文还有很多其他作业要写呢!按照这样的速度,估计我连作文都写不完,这可怎么办呢?

眼看着距离开学只有三天了,娜娜好不容易才写完了一篇作文,她忍不住想哭。这个时候,她想到可以求助妈妈,就对妈妈发牢骚:"还有那么多作业没写,怎么办呢?"妈妈对娜娜说:"娜娜,你可不要小瞧时间。你之所以还有这么多作业没写,是因为你觉得时间不重要。其实时间跑得非常快,时间是世界上唯一没有脚却跑得最快的。时间偷走了很多很多东西。你看,时间偷走了妈妈的黑发,让妈妈长出了白发;时间偷走了妈妈光滑的脸庞,让妈妈长出了皱纹;时间偷走了爸爸健壮的身体,爸爸现在打篮球都打不动了呢!"听到妈妈这么说,娜娜伤心地哭起来,妈妈安抚娜娜:"趁着还有时间,赶紧写作业吧。我相信,即使没有写完作业被老师批评,你也不会抱怨别人的,对吧?因为这是你自己安排的时间。"娜娜哪里知道妈妈就等着老师批评她呢,因为妈妈很清楚只有老师的批评才能让娜娜长记性,也只有被老师批评了,娜娜才能更加珍惜时间。

孩子的天性就是贪玩,不管采取哪种方式,他们都愿意无忧无虑、自由自在地玩。然而,因为缺乏时间观念,他们往往在不知不觉间就让时间悄然溜走。有些孩子明明觉得还有很长时间,而等到该结束的时候才发现时间已经悄然消失了,他们又感到非常惊讶,不知道自己在丢失的时间里做了什么,也不知道时间是如何悄悄溜走的。如果父母能够用更好的方式记录孩子一天的生活,让孩子从客观的角度观察自己把一天的时间都安排做什么事情了,那么相信孩子会更深入地了解时间,认知时间。

在这个事例中,妈妈对娜娜采取了放任不管的方式,让娜娜悄然失去时间,直到即将开学也没有完成作业,从而"逼迫"娜娜不得不感慨时间流逝之快,这也是一种有效的方式,可以增强孩子的时间观念。只不过这种方式拉的战线很长,需要很长时间得到糟糕的后果才能奏效。而有些父母按捺不住自己,总是催促孩子,常常让孩子感到内心惶恐,这种教育孩子的方式并不是最佳的。要想让孩子改变对时间的态度,变得越来越珍惜时间,就应该让孩子知道时间都偷走了什么,也让他们因为被时间偷走的一切感到惋惜。

在家庭教育中,越来越多的孩子不懂得珍惜时间,这是因为父母往往为他们做好一切,让他们拥有无拘无束、无忧无虑

的成长时光,可以享受不受时间压迫的生活。而越是如此,他们越是无视时间的流逝。

时间一去不复返,正如古人所说的,一寸光阴一寸金,寸金难买寸光阴。在西方国家里,浪漫主义诗人拜伦也曾经说过,没有人能够让时钟为已经过去了钟点敲响。父母一定要重视培养孩子的时间观念,让孩子提高警惕对待岁月神偷,从而更好地把握时间,做好自己该做的事情。

具体来说,父母应该怎么做,才能为孩子验证时间偷走了什么,也让孩子切实感受到时间重要性呢?

首先,可以在家中安装一个监控摄像头,这个摄像头不是为了防止孩子做坏事,而是用于记载孩子一天的生活,让孩子知道到底是什么偷走了他们的时间,而时间的流逝让他们遗失了生活中哪些重要的东西。当孩子发现他们沉浸在各种各样的电子产品中,导致时间不知不觉就悄然流逝的时候,相信他们会对此有所反思,也会主动改变自己的行为。

其次,父母要下狠心让孩子认识到时间的重要性。事例中,娜娜的妈妈就下了狠心。娜娜妈妈是一个非常有决心和有魄力的人。在长达两个月的时间里,她都没有催促娜娜写暑假作业,而是眼睁睁地看着娜娜到了暑假即将结束的时候还没开始写作业呢!对于大多数父母而言,这简直是不可想象的。因为他们只要看到孩子没有按时写作业,就会急切地催促孩子,甚至还因此引起孩子的反感。这样的做法其实是错误的,因为父母不可能永远跟在孩子身边，更不可能永远提醒孩子珍惜时间。父母应该对孩子放手，让孩子知道时间是会偷偷溜走的，只有这样，孩子才会发自内心地意识到时间的重要性。

再次，要让孩子远离电子产品，多多从事户外运动。很多孩子都喜欢玩电子产品，这是因为电子产品上的游戏生动有趣，这使他们在不知不觉间就被电子产品所吸引。实际上，电子产品固然有很多的好处，却也会给生活带来很多弊端。有些父母在自己忙碌的时候不想搭理孩子，会把电子产品丢给孩子，让他们玩，却不知道这样做不但有损于孩子的视力，而且对于帮助孩子养成珍惜时间的好习惯也是极其不利的。父母即使忙于工作或者忙着做其他事情，也不要把孩子丢给电子保姆，而是要尽量挤出时间多多陪伴孩子，和孩子一起感受时间的流逝，一起为节省时间、发挥时间的最大效率而努力。

最后，父母要尊重和理解孩子。有些父母会强求孩子做一些事情，为此他们打断孩子正在做的事情，终止孩子玩喜欢玩的游戏，其实这样的方式对孩子而言是很不公平的，还会损害孩子的专注力。在孩子专注做事情的时候，父母应该给孩子一些时间用于缓冲。例如，当孩子正在兴致勃勃地玩玩具，或者和小朋友疯玩的时候，父母可以告诉孩子再过五分钟就要回家了。需要注意的是，限定的时间既不要过短，也不要过长。时间过短，会让孩子觉得转瞬即逝，他们会认为父母只是以此为借口要求他们回家；时间过长，则会让孩子在玩耍的过程太过

投入，那么即使父母已经对他们进行了预警，提醒他们很快就要回家了，他们还是会感到特别突然。所以，应该限定适宜的时间给孩子作为缓冲期，让孩子在缓冲期内消除敌对情绪，从而接受父母的安排，或者配合父母做好很多事情。

时间是组成生命的材料，如果没有了时间，生命也就不复存在。正如保尔柯察金所说的，生命是最宝贵的，对于每个人而言只有一次，既然生命如此宝贵，我们更要珍惜时间。从现在开始，我们就要争分夺秒地利用时间，要让同样的时间发挥更强的效率，在同样的时间里做更多的事情，这才是最重要的。

遵守时间是美德

妈妈假期需要加班，由于把闹闹留在家里，闹闹会觉得很孤独，而且还会有安全问题，所以妈妈把闹闹带到单位里一起加班。原本，闹闹很抵触和妈妈一起去单位加班，因为他觉得妈妈的单位里一点都没意思，既没有玩具可玩，也没有小朋友在一起玩。妈妈对闹闹说："这次假期加班，单位里是有小朋友的，而且还是外国小朋友呢！"听到妈妈这么说，闹闹感到非常好奇，他兴奋得又蹦又跳，连连问妈妈："你们单位里居然有外国小朋友？他会说中国话吗？我能跟他一起玩吗？"

妈妈点点头，说："他可是个小小的中国通，还非常风趣幽默呢！我想你一定会很喜欢他的。"就这样，闹闹开开心心地跟着妈妈去上班了。

妈妈说的外国小朋友是她单位同事的孩子，叫皮特。皮特和闹闹一见如故，他们都非常顽皮，在一起玩得创意百出。又因为是在假期期间，所以妈妈的单位里并没有那么多同事上班，这也让他们有了更大的玩耍空间。转眼之间，三天的加班时间过去了，剩下几天可以休息。闹闹还没和皮特玩够，有些遗憾地说："妈妈，你怎么才加班三天啊？我希望你每天都加班！"妈妈苦笑着说："你这个傻孩子，为了自己玩，就不顾妈妈了吗？妈妈也需要休息呀，妈妈要是每天都加班，不得累坏了吗？"闹闹得知妈妈不加班了，就趁着妈妈下班之前赶紧去找皮特。皮特也很遗憾，他对闹闹说："闹闹，你可以去我们家玩呀。我家有很多好吃的，有糖果、巧克力，还有很多美味的饮料，我都给你。"听了皮特的话，闹闹当即去征求妈妈的同意。妈妈对皮特的爸爸说："这样会不会太麻烦了？这个孩子非要去你家做客。"皮特爸爸热情地说："不会！不会！我们很欢迎闹闹来家里玩，我们希望皮特结交更多的中国小朋友。"得到父母的同意后，闹闹和皮特约定在假期最后一天中午12点在皮特家里见面，还要留在皮特家里吃午饭呢！

在家休息了几天，闹闹次日就要去皮特家里做客了。因为兴奋，闹闹怎么也睡不着，妈妈几次三番地提醒闹闹要早早睡

觉,早早起床,并且说皮特家住在郊区的别墅,赶过去就要一个多小时呢。但是闹闹却不以为然,他对妈妈说:"放心吧,我肯定能起床,也肯定能按时到达。况且,我就算迟到一小会儿也没关系,谁让皮特家住得那么远呢!"

听到闹闹这样打包票,妈妈只好不再催促闹闹。果然不出妈妈所料,次日早晨,妈妈喊闹闹起床,闹闹在床上滚来滚去,蜷缩在被窝里,就是不愿意起床。看到闹闹耍赖皮,妈妈着急地说:"闹闹,你再不起床就要迟到了。我告诉你,西方人的时间观念可是很强的,如果你迟到了,说不定会失去皮特这个好朋友呢!"闹闹对妈妈的话不以为然:"怎么可能呢?我就算晚一会儿到,皮特也不至于就不理我了吧。"妈妈严肃地提醒闹闹:"那你看等着瞧吧!如果你迟到了,看看皮特会怎么对你。"

闹闹起床之后又磨磨蹭蹭地洗漱,慢慢吞吞地给皮特准备礼物,等到他出门的时候,时间已经不早了,路上又遭遇了堵车,最终足足晚了半个小时才到皮特家楼下。隔着老远呢,闹闹就看到皮特正站焦急地站在楼下东张西望呢。闹闹开心地跑过去,对皮特说:"皮特,我来了,我来了!"

不想,皮特看到闹闹并没有表现出以往一贯的热情,他对闹闹说:"闹闹,你知道了现在几点了吗?"闹闹看了看电话手表,漫不经心地说:"我迟到了半个小时,对不起,因为堵车了。现在也就十二点半而已,还赶得及吃午饭呢!"

尽管闹闹很轻松，完全没有把迟到放在心上，但是皮特还是一本正经地说："不管是因为堵车还是其他原因，你都不能迟到。既然你迟到了，我这次就不能邀请你去我的家里了，因为我爸爸妈妈还有别的事情要做。"听到皮特的话，肚子饿得咕咕叫的闹闹伤心极了，他问皮特："但是我已经来了呀，这么远，我好不容易才到你家，你就不让我上楼玩一会儿吗？"。皮特摇摇头，说："很抱歉！"说着，皮特拿出一个三明治给闹闹，说："你可以吃了三明治再回家了。"说完，皮特就转身离开了。

看着皮特毅然决然离开的背影，闹闹当即哭着给妈妈打电话，妈妈在电话里对闹闹说："闹闹，看看吧，这就是妈妈提醒你的后果。西方国家的人时间观念很强，他们认为遵守时间是美德，不遵守时间的人也不尊重他们，所以你和皮特的这次约会才会以失败而告终。你赶紧回家吧，如果有机会再和皮特约会的话，一定要守时啊！"就这样，闹闹只好悻悻然地回家了。在很长一段时间里，皮特和闹闹的关系都很生疏。闹闹真心诚意地向皮特道歉，并且保证自己以后约会再也不会迟到了，皮特才慢慢地接受了闹闹，又和闹闹成为了好朋友。

在这个事例中，虽然妈妈已经提醒了闹闹要遵守时间，但是闹闹对此却不以为然，他认为自己因为某些原因晚一些到达约会地点没关系，皮特也一定会理解他的苦衷。但是事实证明，皮特可不管闹闹到底是因为什么才迟到的，他只会觉得闹

闹是一个不守信用的人。

遵守时间还是诚信的表现。从约会的角度来说，如果对方已经按时到达约会地点，而我们却姗姗来迟，那就相当于浪费了对方宝贵的时间。如果我们觉得自己不能按时到达，那么可以在与对方约定时间的时候就把时间往后延迟，这样对方可以用这段时间做其他事情。为了保证约会时按时到达，我们要学会合理规划，准确预估自己到达约会地点的时间，切勿因为一时兴奋就把时间说得很提前，否则，我们就会因为迟到而给他人留下糟糕的印象。

有些人本身就非常拖拉，做事情动作很慢。为了珍惜时间，能够按时到达约会地点，这样的慢性子必须加快速度，而不要总是磨磨蹭蹭的。在同样的时间里，有的人能够做十件事情，有的人却只能做一件事情，如果每个人完成这些事情的效果都是一样的，那么他们的效率则相差十倍。由此可见，只有那些准确高效的人才是时间的主人，反之，那些磨蹭拖延的人都是时间的奴隶。

在与他人约会的时候，为了避免迟到，我们应该预想到很多意外的情况，例如在城市里通勤，必须考虑到堵车的可能，要为自己规划一条不那么拥堵的路线。此外，还要留出堵车的时间，即使是在近处约会，为了表达对他人的尊重，我们也应该提前十分钟做好准备出发，这样才能在约会时间之前到达约会地点，从容地等待对方到来。

培养时间观念，形成时间意识 第一章

德国大名鼎鼎的哲学家康德就是遵守时间的人。有一次，他和朋友约定要去朋友家里。为了在路上不耗费过多的时间，准时到达朋友家，他特意乘坐火车提前一天到达朋友家所在的城镇，准备次日驾驶马车准时到访。然而，他万万没有想到的是，半路上，他必须经过的一座桥坏了。这时，如果临时绕路前行，就注定了他会迟到。想去想去，康德做出了一个让马车夫震惊不已的决定。他买下了桥旁边一座破旧的房子，从房子上拆下木梁修好了桥后，又把房子还给了原来的主人。

就这样，康德按时到达了朋友家里，但他并没有把这件事情告诉朋友。过了很久，这位朋友听说了康德买房修桥的事，才给康德去信询问。康德回信告诉朋友："守时比任何事情都更重要。"朋友因此感动不已。

对于康德而言，迟到一些付出的代价肯定是最小的，但是他把守时看得无比重要，所以他认为哪怕买下一座房子修桥也是值得的。他没有把这件事情告诉朋友，是因为他觉得遵守时间是自己应该做到的事情，也正是因为如此，康德守时的精神才令朋友无比感动。

帮助孩子形成守时的观念并不是一件简单容易的事情。很多孩子天生的节奏就很慢，他们不管做什么事情都是慢慢吞吞的。而父母一味地催促孩子，反而会使孩子产生逆反心理，导致孩子的动作越来越慢。为了把话说到孩子心里去，父母可以讲一些故事给孩子听，告诉孩子遵守时间的道理，这样孩子才

会在领悟道理之后，主动遵守时间。此外，父母还可以告诉孩子不遵守时间带来的弊端，这样孩子就能够提前进行衡量，考虑到自己是遵守时间得到的好处更多，还是不遵守时间得到的坏处更多。有的时候，为了对孩子起到奖惩的效果，父母还可以制定奖惩的规则和措施，让孩子能够在主动遵守时间的情况下，得到外力的约束和推动，从而养成遵守时间的好习惯。

生日时光：时间一去不复返

再过几天就是皮皮的生日了，皮皮早就盼望着生日这一天呢，他希望爸爸妈妈能够给他举办一个生日派对。巧合的是，皮皮的生日和爸爸的生日是同一天，于是妈妈答应了皮皮的请求，因为这是皮皮10周岁生日，也是爸爸40岁生日，所以还是要隆重庆祝的。妈妈决定给爸爸和皮皮举办一个盛大的生日party。

皮皮的朋友和爸爸妈妈的亲朋好友都如约到来，他们相聚在提前在酒店定好的巨大包间里。作为小寿星的皮皮和老寿星的爸爸都戴着生日帽，脸上洋溢着笑容，妈妈还为他们买了一个三层的大蛋糕，当蛋糕被缓缓推出来的时候，大家一起唱起了生日快乐歌，皮皮高兴得又跑又跳，爸爸却感慨万千。在许愿的时候，爸爸许愿"时光不老，岁月静好"，皮皮呢，却

培养时间观念，形成时间意识 第一章

希望自己能够快快长大。许愿结束之后，皮皮纳闷地问爸爸："为什么我想快快长大，你和妈妈却不想长大呢？"爸爸忍不住笑起来，对皮皮说："等爸爸妈妈长得太大了，就老了，就不能陪伴在你的身边了。"皮皮说："但是我长大了，就可以陪伴在你们的身边呀！"爸爸说："你长大了之后会跑得很快，爸爸妈妈有可能追不上你。你如果想看爸爸妈妈，就要回家。爸爸妈妈只能留在家里等你，恐怕是跑不动的。"听到爸爸这么说，皮皮也有些伤感，他说："人为什么会老呢？要是我长大了，你们却不老，那该多好呀！"爸爸笑着说："如果你长大了，我和妈妈却不老，那你就不能叫我们爸爸妈妈了，而要叫我们哥哥姐姐了。"听了爸爸的话，皮皮也忍俊不禁。

借此机会，爸爸对皮皮说："皮皮，时间的流逝是非常快的，想想看吧，去年你才九岁，今年就已经十岁了。每过一年，你就长大一岁，要不了多久，你就会和爸爸现在一样大了。"皮皮惊讶地张大嘴巴问道："真的吗？我会和你一样大吗？"爸爸点点头："对呀，再过30年，你就和爸爸一样大了。再过30年，爸爸和妈妈就70岁了，70岁叫作古稀之年。人们常说，人生七十古来稀，就是这个意思。到时候我们会满头白发，牙齿也掉光了，弯腰驼背，走路一摇一晃的。"

听着爸爸描述的场景，皮皮简直要急哭了。妈妈赶紧安慰皮皮："皮皮，每个人都会变老的，这是时间的流逝导致的。为了让自己不那么快变老，我们要坚持学习，要非常快乐。人

们常说,笑一笑,十年少。如果我们全家人都开开心心的,经常在一起哈哈大笑,我和爸爸就会老得慢一些。"听到爸爸妈妈想出了这样的好主意,皮皮说:"好的,妈妈,以后我一定不惹你生气,要让你和爸爸永远开心。"

借助这次过生日的机会,爸爸妈妈向皮皮讲述了时间的本质,让皮皮知道了时间是一去不复返的。在一天的时间里,不会有两个阳光明媚的清晨;在一生的时光里,不会有两个无忧无虑的童年。东晋著名的诗人陶渊明曾经说过:"盛年不重来,一日难再晨,及时当勉励,岁月不待人。"这句话告诉我们,时间一去不返,每个人都应该珍惜自己宝贵的青春年华,努力进取,这样才能与岁月齐头并进。

即使是黄口小儿,如果不懂得珍惜,总是白白浪费时间,也会在时间的流逝中迷失自我。但若是已经进入人生暮年的老人,如果懂得珍惜时间,能够争分夺秒地学习和享受生活,那么他们也会拥有更加充实的生命。

要想培养孩子的时间意识,让孩子真正成为时间的主人,首先,父母要抓住各种机会为孩子揭示时间的本质,让孩子认识时间,把控时间。例如,父母可以为孩子买一些计时的工具,让孩子感受到时间正在流逝,虽然时间看不见摸不着,但是片刻都不会停息。

其次,在与孩子沟通的时候,父母应该精确地表达时间,而不要总是含糊其辞。例如,有些父母会允许孩子再玩十分钟游戏，但是孩子明明已经玩过很长时间，甚至都半个小时了，父母还没有提醒孩子结束。长此以往，孩子就会形成一种误解，误认为十分钟是非常漫长的，等到下一次父母再批准他们玩十分钟游戏时，他们就不愿意及时停止玩游戏了。所以，父母在与孩子沟通的时候要说确切的时间，还要在说出时间之后严格执行时间的限制，让孩子对时间有更好的把握和更准确的感知。

再次，父母不要总是等待孩子或者催促孩子。要想让孩子形成时间意识，就不能只靠督促迫使孩子完成一些事情，而是要让孩子自己认识到时间是一去不返的。有些父母常常会等待磨蹭的孩子，或者在孩子拖延磨蹭的时候反复催促孩子，这都会让孩子感到特别厌烦，有些孩子还会对此心生逆反，故意磨磨蹭蹭地浪费时间呢！

最后，在家庭生活中，要营造珍惜时间的氛围。父母要作为孩子的榜样，率先珍惜时间，这样才能给孩子做好榜样。家庭生活中，有些事情也可以采取叫号制。例如，吃饭的时候喊孩子过来端饭吃可以叫号，一旦过了号，孩子就不能吃饭了，这意味着孩子整个上午或者整个下午都不能吃零食。也许在几次忍饥挨饿之后，孩子就会养成珍惜时间的好习惯。父母可以作为孩子的表率，例如爸爸在妈妈叫号吃饭的时候，应该赶紧走过去端饭吃，这样孩子就会模仿爸爸的样子，在听到妈妈叫号之后也赶紧吃饭，从而养成珍惜时间的好习惯。

总而言之，教育孩子是一件非常不易的事情，要想取得良好的效果，就要坚持做好各个方面的细节。如果父母不能身先表率，或者不能坚持以实际行动对孩子进行言传身教，那么孩子的时间观念就会很差。

第二章

改变不良习惯,争分夺秒提升时间利用率

在日常生活中,很多孩子都有一些坏习惯,例如懒散、拖拖拉拉、磨磨蹭蹭,看到孩子不知不觉又浪费了大量时间,父母往往为此着急上火。为了彻底改变孩子浪费时间的表现,父母必须引导孩子提高做事情的效率,使孩子尽量摆脱对父母的依赖,坚持做到自己的事情自己做,改掉各种不良习惯,这样孩子对时间的利用率就会越来越高,才能够真正成为时间的主人。

赖床把一天打了五折

"起床啦,起床啦!太阳已经晒屁股了,你却还在睡觉!你听听看,其他小朋友早就已经去幼儿园了,他们正在幼儿园的操场上进行户外活动呢!你要是再不起来,幼儿园就该关门了,那你可就吃不到幼儿园里美味的午餐了!"妈妈一直在依依耳边低声地叫唤着,但是依依却不闻不问,继续呼呼大睡。妈妈喊的次数多了,不由得感到厌烦起来,突然她提高了声调,喊道:"依依,你到底起不起床?"

这个时候,奶奶赶紧过来阻止妈妈,她竖起食指放在嘴巴中间,压低声音对妈妈说:"小点儿声,不要着急!那些去得早的孩子家都离幼儿园很远,我们家条件多好呀,与幼儿园就一墙之隔,让依依再睡会儿吧。孩子正在长身体呢,不但要吃好,也要睡饱,只有睡眠好孩子才能长得强壮,少生病。就算晚去一会儿也没关系,顶多不在幼儿园吃早饭呗,我们在家里吃,赶着去吃午饭就行了。"听到奶奶的话,妈妈无奈地摇摇头,啼笑皆非。

这个时候,爷爷也对妈妈说:"别叫了,别叫了,让依依睡吧。昨天晚上睡得那么晚,如果睡不饱的话,她起床之后又会不停地哭闹,到幼儿园里情绪也不好,再不愿意吃饭,那多么可怜呀。让她睡饱了,在家吃完饭,再送过去。"在爷爷奶奶的轮流攻势下,妈妈只好妥协,她不再叫依依起床,依依一直睡到十点多才起床。

这个时候,幼儿园里的小朋友们已经完成活动,都快吃午饭了。妈妈把依依叫起来之后,依依因为睡的时间太长,不愿意吃饭,妈妈只好把饿着肚子的依依送到幼儿园里,让依依在幼儿园里等着吃午饭。

其他小朋友经过了早晨的运动,吃午饭的时候都胃口大开,但是依依却一点胃口都没有。她睡眼蒙胧,仿佛还没有睡醒呢,只吃了几口就不吃了。妈妈下午接依依放学的时候,依依简直饿坏了。她不停地喊饿,妈妈纳闷地问依依:"你中午没吃饭吗?"依依说:"吃了。"妈妈又问:"你吃了午饭,怎么还这么饿呢?"依依不耐烦地说:"我就是饿了,我就是饿了!"妈妈只好从包子铺买了个包子给依依吃。回到家里,妈妈当即打电话给老师,询问依依吃饭的情况。老师对妈妈说:"你家依依中午吃饭一点都不好,别的孩子都吃一大碗,她连小半碗都吃不完。我也不知道是怎么回事儿,是不是跟她睡觉醒得太迟有关系呀?小朋友们早上来了一直在运动,晒太阳,胃口特别好,有的孩子还要添饭呢,但是依依每次都剩下很多饭菜。"

看到瘦弱的依依就像一颗发育不良的豆芽菜,妈妈非常

担心。她召集全家人开会，宣布道："以后我们全家都要早睡早起，帮助依依形成良好的作息习惯。看看吧，人家孩子在幼儿园里吃了两顿饭，还吃得那么多，吃得那么好，咱们依依就中午去幼儿园里吃一顿饭，也吃不过其他孩子。依依长得这么瘦弱，跟你们都娇纵她有关系，以后谁都不要阻止我喊依依起床。还有，任何人晚上都不许熬夜看电视，十点半全家准时关灯。如果家里漆黑一片，依依想不早睡也难。"

看到妈妈动真格的，大家都默不作声，爷爷奶奶也不敢再护着依依了。虽然前面的几天依依起床很困难，但是经历了几天的生活作息调整之后，依依形成了良好的作息规律，起床的时候没有那么困倦了。这是因为她晚上睡得早，已经睡饱了，所以可以早早起床去幼儿园，和小朋友们一起参加运动。由于活动量够了，到了中午吃饭的时候，依依的胃口特别好，吃饭也越来越多了。

很多孩子都有赖床的坏习惯，赖床分为两种情况。一种情况是人虽然醒了，但是躺在被窝里不愿意起来；另一种情况是喜欢睡懒觉，呼呼大睡到很晚才醒。不管是睡懒觉还是赖床，都会对孩子一天的生活造成负面影响。举个简单的例子来说，坚持早睡早起的人从早晨六七点钟太阳初升的时候就开始了一天的美好生活，而晚睡晚起或者是赖床的人则是从中午才浑浑噩噩开始一天的生活。这样一来，就相当于把一天的时间减了半，使一天变得特别短暂，仿佛还没来得及是做什么事情呢，夜幕就降临了。

此外，人是社会性动物，不管是成人还是孩子，都要在社会中生活，都应该与身边的人保持统一的规律。孩子要与学校里的同学们保持统一的作息规律，成人要与单位里的同事保持统一的作息规律，所以只有早早起床才能融入团体之中。如果总是游离于团体之外，不但会影响学习和工作，还会让自己昏头涨脑呢！

具体来说，如何才能够培养孩子早睡早起的好习惯呢？首先，父母要反思自身的行为，切勿只许州官放火，不许百姓点灯。很多父母本身就是夜猫子，他们到了晚上就不想睡觉，不是盯着电脑，就是盯着手机。当父母看视频、玩游戏的时候，孩子怎么可能踏踏实实地睡觉呢？因此要想帮助孩子养成良好的睡眠习惯，父母要以身作则，坚持早睡早起。事例中，依依妈妈的做法非常正确，她要求全家人到了固定的时间必须熄灯，这样家里会处于漆黑状态，有利于孩子入睡。其次，晚上睡觉之前，要为孩子营造良好的睡眠环境。例如，为孩子准备舒适的床品，让孩子听节奏舒缓的音乐。有些父母没有养育孩子的经验，他们下班回家之后会跟孩子疯玩，丝毫不管现在已经是几点了，孩子是否需要睡觉了。有些父母在陪伴孩子睡觉时，会给孩子讲一些非常搞笑的故事，或者说一些孩子感兴趣的话题。这样一来，孩子原本已经昏昏欲睡，现在却因为兴奋而不能入睡。这会影响孩子的睡眠，孩子的睡眠是有固定需求的，例如有的孩子大概九个小时能睡饱，有的孩子大概十个小时能睡饱。如果孩子从晚上十二点睡到早晨十点才能自然醒，当我们把时间整个地往前提三个小时，让孩子从晚上九点睡到早晨七点时，孩子就可以沐浴着朝阳起床，和其他小朋友一起在外面快乐地玩耍了。只有早睡早起，才利于孩子身心健康。

再次，可以以艺术的方式呼唤孩子起床。有些父母看到孩子如同滚刀肉一样在床上滚来滚去，就是不愿意马上起床，会忍不住对孩子大吼大叫，或者是批评责骂孩子。要知道，孩子这才刚刚起床呀，清晨的心情往往会影响孩子一天的心情。所以，父母不要以消极粗暴的方式破坏孩子的心情，而可以播放一些轻松的音乐，也可以播放一些好听的儿歌，这样孩子就能听着美妙的音乐声起床，一整天的心情都会因此非常美妙。

最后，根据前一天的计划安排当天的行程。这会让孩子对父母的计划充满期待，也让孩子主动配合父母按时入睡，早早起床。如果父母明明允诺次日要带孩子去做一些事情，但是因为各种各样的原因取消了活动，那么孩子就会认为父母说话不算数，不管父母对他们允诺要做什么事情，他们都不愿意相信父母的话，这当然会使孩子与父母之间产生隔阂，也使孩子发自内心地不愿意听从父母的话。

还需要注意的是，有些孩子因为中午午睡的时间过长，晚上也会因为不困而不愿意早早入睡。在这样的情况下，父母要控制好孩子午睡的时间，不要让孩子午睡睡太长时间，否则就会打乱孩子正常的作息规律，可以为孩子限定午睡的时间，让孩子在中午得到适度的休息，从而避免影响晚上的睡眠。

戒掉拖延，让孩子变成效率达人

俊俊每天下午三点钟放学，三点半就能回到家里。他才上小学四年级，作业量并没有那么大，所以妈妈认为俊俊在下午六点半吃晚饭之前完成作业是没有问题的。但是现实的情况却让妈妈大跌眼镜，那就是俊俊非但没有在六点半之前完成作业，甚至在晚上九点半之前还没有完成作业。妈妈不止一次地质疑："俊俊，为何你每次都要用六七个小时才能完成作业呢？难道你们的老师水平这么差，真的给你们布置了这么多作业吗？"俊俊对此却不以为然，对妈妈的批评一声不吭，依旧如故。看到俊俊晚上常常因为没有完成作业而延误睡觉，早晨又因为困倦而起不来床时，妈妈觉得俊俊的生活陷入了一个恶性循环之中，当即下定决心要改变这种情况。

俊俊有一个妈妈淘汰的智能手机，妈妈知道俊俊拖延了这么久都没有完成作业，肯定不是因为老师布置的作业太多，而是因为他没有及时开始做作业。妈妈询问了班级里的其他家长，得知了其他孩子大概五点到五点半就能完成作业，整个完成作业的时间可以控制在两个小时之内。于是妈妈决定要从俊俊身上寻找原因，彻底改善俊俊拖延的情况。

起初，妈妈想让俊俊坐在她的电脑桌旁写作业，这样妈妈就可以一边对着笔记本工作一边看着俊俊，监督俊俊。但是，俊俊显然对这种方法很抵触。意识到这种办法行不通之后，妈妈又采取了其他措施，例如，她要求俊俊必须打开房间的门写作业，还让俊俊一放学回家就交出智能手机，必须在完成作业之后才能拿回手机，但是她也规定俊俊在写完作业之后可以看一定时间的电视节目。这样三管齐下，俊俊完成作业的速度果然快了起来。

看到俊俊的转变，妈妈猛然想起来："俊俊之所以拖延完成作业的时间，其实是从她给俊俊布置课外作业开始变得严重的。"因为学校的作业量非常少，所以妈妈在俊俊完成学校的作业之后，会给俊俊额外布置一些课外作业。自从妈妈提出这个要求之后，俊俊完成作业的时间就越来越晚。无奈之下，妈妈只好取消了课外作业，要求俊俊在固定的时间内完成作业，之后就可以看一会儿电视节目。得到激励之后，俊俊在作业方面的表现越来越好了。

很多孩子都会拖拖拉拉，但是孩子任何行为的背后都是有心理原因的。如果父母不能找到孩子拖延的心理原因，只是一味地批评和训斥孩子，那么孩子拖延的情况就会越来越严重。作为父母，要知道孩子为何拖延。例如，有些孩子之所以拖延，是因为他们不知道如何调整好自己的状态；还有些孩子之所以拖延，是为了逃避写课外作业，就像事例中的俊俊一样；另外些孩子之所以拖延，是因为写作业的时候三心二意，他们时而玩橡皮时而玩铅笔，甚至还会偷偷地玩智能手机。因此，在孩子完成作业的时候，父母要做到以下几点。

首先，要让孩子处在自己随时可以监督的情况下。事例中，俊俊妈妈让俊俊打开房间的门写作业，就是为了给俊俊施加无形的压力，让俊俊知道他的背后始终有一双眼睛，避免俊俊在完成作业的过程中偷偷玩游戏。

其次，要为孩子消除诱惑。有些孩子的书桌上非常零碎杂乱，不是堆着玩具，就是堆着零食，还摆满了各种各样的文具。本身孩子的注意力就很难集中，保持专注的时间也是有限的，最重要的是，孩子很容易受到诱惑。父母应该要求孩子保持书桌清洁干净，只能在书面上留下写作业要用的东西，这样孩子才会更专注地完成作业。

再次，给孩子限定完成作业的时间。给孩子限定时间，孩子就会有明确的目标，知道自己必须达到怎样的速度，才能保证质量，按照老师的要求按时完成作业。如果父母从来不管不顾孩子完成作业的情况，也不给孩子限定时间，那么孩子完成作业的时间就会越来越久，也会渐渐地养成拖延的坏习惯。

最后，父母要为孩子树立榜样。很多父母做事情的时候拖拖拉拉，磨磨蹭蹭，无形中会影响孩子。父母只有坚持做到雷厉风行，不管是在工作的时候还是在生活的时候，都能够加快速度，提高效率，才能对孩子产生积极的影响。

父母需要注意的是，在发现孩子拖延情况非常严重的时候，不要一味地催促和责怪孩子。孩子都有很强的逆反心理，如果父母教育他们的方式不恰当，他们非但不愿意听从父母的建议，反而还会故意与父母对着干，这就会导致事与愿违。总之，不管以怎样的方式与孩子沟通，父母都要尊重孩子，信任孩子，而不要总是否定和打击孩子，这样才能对孩子起到最好的教育效果。

按时午休，下午精神倍增

科学家经过研究发现，午休对人的精力影响是很大的，一个人如果中午不午休，那么下午往往会非常困倦，昏昏欲睡，学习和工作的效率也将大大降低。尤其对于孩子而言，他们更需要时刻得到能量的补充，睡眠也同样是一种能量。午休能够让孩子在短时间内得到休息，使孩子在下午的精力得以恢复，变得精力充沛，从而更好地学习，也更好地玩耍。因此，父母应该帮助孩子养成按时午休的好习惯，午休虽然花费的时间很短，但是起到的效果却是非常好的。很多孩子在下午精神抖擞，就是因为他们坚持午休。

在幼儿园里，大多数孩子都能坚持午休，但是到了周末日，孩子们午休的习惯就很难保持了。这是因为在周末，父母也在家休息，所以父母会与孩子玩耍，或者带着孩子外出游说。这样一来，孩子就不能保持正常的午休，导致下午精神倦怠。有些孩子还会因为精神不佳而哭闹不止，被父母批评，这对孩子而言当然是非常糟糕的体验。

父母要想让孩子更好地掌控时间，就应该尊重孩子的作息规律，帮助孩子维持良好的作息规律。有些父母总是心血来潮，平日里他们要求孩子午休，一旦他们自己想出去玩或者是想要进行一些特别活动的时候，他们就希望孩子不要午休。但是父母这样的变化会让孩子陷入迷惘和困惑的状态，他们想不明白为何父母有的时候要求他们午休，有的时候又不让他们午休。这就使得孩子非常被动，不知所措。明智的父母要以一贯的行政制度和行为来对待孩子，切勿因为任何原因让孩子不知所措。

节假日期间，爸爸在家休息，他已经连续工作很久都没有休息了，所以既想趁着这个假期充分补觉，又想趁着这个机会带淘淘出去玩。假期第一天，爸爸睡到日上三竿才起床，傍晚时分，爸爸对淘淘说："淘淘，爸爸睡饱了，明天带你去游乐场玩吧。"

听到爸爸要带自己去游乐场玩耍，淘淘非常兴奋。当天晚上，他因为兴奋睡不着觉，躺在床上辗转反侧。虽然他很努力地想睡着，但却是徒劳的，一直到困倦得睁不开眼睛，他才不知不觉地睡着了。

次日早晨，爸爸呼唤淘淘起床，对淘淘说："淘淘，赶紧起床去游乐场吧。如果去晚了，那能玩的项目就很少了。"听到爸爸的话，淘淘睡意全无，一骨碌从床上爬起来。上午，他精神抖擞，玩了这个项目又玩那个项目，片刻也不停歇。吃了午饭之后，淘淘就像变了一个人，他如同瞌睡虫一样不停地打瞌睡，但这是在游乐场啊，怎么能睡觉呢？所以爸爸对淘淘说："淘淘，赶紧去玩吧，游乐场傍晚关门，咱们就玩不成了。"

淘淘毕竟是孩子，非常贪玩，他没有坚持午休，而是继续去玩。原本，淘淘最喜欢坐海盗船了，但是这次坐完海盗船之后，他感到特别眩晕，还吐了。看到淘淘难受的样子，妈妈生气地指责爸爸："跟你说孩子中午必须午休，去旁边的宾馆开个房间让她午休一会儿，睡饱了再来玩，你非不信。这下好了吧，因为太困了，还吐了，彻底不用玩了，赶紧回家吧！"

淘淘为何会吐呢？因为他非常困，也是因为休息日爸爸打破了他午休的规律。很多父母都会陷入一个误区，他们觉得孩子只需要在周一到周五的时间段内在幼儿园里坚持规律作息，而在周末，孩子就不需要规律作息了。其实这样的想法是错的，不仅孩子，就连成人在内，也应该在休息日的时候保持和日常一样的作息。人体是有生物记忆功能的，只有保持规律作息，人体才能达到最好的状态。

到了节假日就扰乱规律作息，除了会让身体不适之外，还有一个很大的负面作用，那就是当孩子再回到规律作息时，往往表现出极大的不适应，需要花费一段时间去适应，才能继续保持规律作息。父母还要知道，对于孩子而言，他们只有吃好喝好休息好，做到张弛有度，劳逸结合，才能身心健康地快乐成长。如果孩子没有吃好喝好休息好，那么他们的成长就会受到影响。父母一定要重视孩子的午休，培养孩子按时午休的好习惯，只有这样，孩子才能在经过上午的消耗之后，通过午休恢复精神和精力。

首先，当孩子在家里的时候，父母要安排孩子午休，与幼儿园的作息规律保持一致，让孩子的身体形成生物记忆。孩子一旦养成了午休的好习惯，父母在为孩子营造好的睡眠环境之后，孩子就会很自然地入睡。

其次，要为孩子营造良好的睡眠环境。很多家庭虽然要求孩子午休，但是他们既不拉窗帘，也不保持安静，在明亮吵闹的环境里，孩子除非特别困倦，否则根本不可能睡着。如果天气气温比较低或者比较高，那么父母还可以打开空调为孩子调整温度。当房间里保持适宜的温度，孩子午休就会更加舒适。

再次，父母应该和孩子一起午休。如果孩子午休，父母却在旁边看电视或者嘀嘀咕咕地说话，那么就会使孩子受到干扰。有些孩子平等的意识特别强，他们还会质问父母："为什么我需要午休，你们却不需要呢？"遇到这种情况，父母又要如何回答孩子呢？所以父母应该和孩子一起午休，也要告诉孩子必须午休的道理，从而引导孩子养成午休的习惯。

最后，如果孩子因为不困倦而不愿午休，那么父母可以调节孩子早晨起床的时间，也可以加大孩子的活动量，让孩子感到疲劳，这都有助于孩子在中午顺利入睡。

午休是一个非常好的习惯，能够为孩子的身体补充能量。作为成人，如果能够坚持午休，就能很快恢复精神。相比起成人，孩子是更容易感到疲倦的，所以更需要午休。有些成人在上班的时候，也会利用中午时间进行短暂休息。尽管午休的时间很短暂，但是在午休结束之后，他们会觉得身体非常轻松，精神也很饱满，这就是午休给人带来的好处。

从珍惜时间的角度来说，有人可能觉得午休会占用一部分时间，减少工作时间，其实这样想法是错误的。午休虽然会占用一部分时间，但却能够大大提升我们在下午时段学习和工作的效率，因而午休的本质是珍惜时间，也是合理充分地利用时间。所以，不要再觉得午休会把我们的工作时间或者学习时间缩短，而要意识到正是午休让我们提高了效率，使得我们可以把很多事情都做得更好。

父母不要帮忙穿衣服

很多孩子三岁多上了幼儿园，还不会独立穿衣服，这使他们在进入幼儿园之后面临很多生活上的困难。毕竟在幼儿园中，一个班级里有很多孩子，老师不可能给每个孩子穿衣服。有些孩子虽然已经上了小学，早晨起床的时候却只会躺在床上等着父母或者长辈给他们穿衣服。不得不说，这些孩子的自理能力是极差的，也有的孩子因此磨蹭和拖延时间，导致出现上学迟到的情况。这些都是孩子缺乏时间观念的表现。如果孩子不是因为缺乏自理能力，而是因为拖延时间导致不能及时穿好衣服，把自己整理完毕，准时去学校，那么父母就要从帮助孩子树立时间观念，培养珍惜时间的好习惯等方面着手，让孩子加快速度穿衣服，从而早早地到学校，愉快地开始一天的学习。

孩子穿衣服为何磨磨蹭蹭呢？这与父母为孩子过度包办是有关系的。很多父母不管什么时候都会代替孩子穿衣服，也常常为孩子做其他事情，渐渐地，孩子形成了依赖性，误认为不管有什么问题都有父母帮他们解决，所以在做这些事情的时候缺乏主动性，出现拖延磨蹭的情况。

要想从根本上改变孩子不能自主穿衣服的坏习惯，父母就要有意识地对孩子放手，让孩子独立穿衣服。当孩子拖延的时候，父母不要因为着急就代替孩子去做。很多父母在教育孩子过程中都会进入一个误区，他们觉得孩子靠着自己的能力不能做好，所以热心地帮助孩子。但是这样反而帮了倒忙，这是因为如果父母总是代替孩子去做一些事情，孩子在做这些事情的时候的表现就会越来越糟糕。明智的父母看到孩子遇到困难，不会主动帮助孩子，而是鼓励孩子积极解决难题。虽然孩子在刚开始做某些事情的时候不能做得很好，但是随着练习的次数越来越多，他们的动作一定会更加熟练，他们做事情的效率也会大幅度提升。

今天是周末，爸爸妈妈要带着思思一起参加表哥的婚礼。思思早就够盼望着参加表哥的婚礼了，她想看看穿上婚纱的新娘子是多么美丽，还想向新娘子讨红包和喜糖呢！早晨八点钟，妈妈开始喊思思起床，直到九点钟，思思依然赖在床上，磨磨蹭蹭，不愿意起床。

妈妈只好放出大招，对思思说："思思，如果十分钟之内你不能穿好衣服，半个小时之内我们还不能出门，那么今天你就和爷爷奶奶留在家里，由我和爸爸作为代表参加表哥的婚礼。我看你是没有机会亲自恭喜表哥了。"听到妈妈的话，看看妈妈严肃的表情，思思意识到妈妈不是在开玩笑，不由得着急起来。然而，她虽然心里着急，手上的动作却不着急。她急得眼泪汪汪的，却磨磨蹭蹭花了五分钟只穿好了袜子。看到思思这样的表现，爸爸忍不住说："思思，爸爸帮你穿，好不好？"这个时候，妈妈对爸爸说："赶紧去吃早饭吧，你不许帮她穿，必须让她自己穿。她今天如果在剩下五分钟之内不能把衣服穿好，就不能去喝喜酒。"看到妈妈态度很坚决，爸爸只好作罢。

爸爸可不想只和妈妈去喝喜酒呀，他想带着思思一起去，所以他一直在旁边口头指挥思思如何穿衣服，如何穿裤子，如何穿鞋子。思思费了九牛二虎之力，终于在五分钟之内把衣服乱七八糟地都挂在了身上，好歹也算完成了任务。这时候，妈妈才帮助思思整理衣服，对思思说："今天表现还算不错，能够在规定时间内把衣服穿好，不过穿衣服的水平还有待提升。你只要多加练习，就能穿得更好，所以你每次都要坚持自己穿衣服，这样才有更多的机会练习。妈妈相信你下次一定会穿得更快更好。"思思点点头，说："好的，妈妈。以后在我不让爷爷奶奶帮我穿衣服，我要自己穿衣服。"

在这次的经历之后，思思获得了成就感。每天早晨起床的时候，她不再要赖皮要求爷爷奶奶帮她穿衣服了。随着练习的次数越来越多，思思穿衣服穿得越来越快，越来越好。思思终于改掉了穿衣服磨蹭的坏习惯。

孩子是非常有眼力见的，他们会察言观色，看准家里谁会帮自己的忙，谁不会帮自己的忙。思思以前经常依靠爷爷奶奶帮她穿衣服，所以原本在小时候已经学会了穿衣服的思思，随着渐渐长大，穿衣服的速度却越来越慢。借助于参加表哥婚礼的机会，妈妈逼着思思独立穿好衣服，让思思知道自己原来也是可以穿好衣服的，从而为思思树立了信心，使思思获得了成就感。

每天早晨，很多家庭都会为孩子穿衣服而不停地催促吵闹。那么，如何才能培养孩子独立自主穿好衣服的好习惯呢？

父母应该做到以下几点。

首先,根据孩子的年龄特点,为孩子选择方便孩子穿脱的衣服。例如,有些孩子还小,他们不会系鞋带,那么父母可以给孩子穿魔术贴的鞋子。等到孩子长大之后,再教会孩子系鞋带;有些孩子不会穿套头的衣服,那么可以给孩子穿开衫,这样孩子在穿脱的时候会更加方便;最好不要给孩子穿带拉链的裤子,因为有的时候为了拉拉链,有可能会夹住孩子娇嫩的皮肤。总而言之,如今市面上有各种各样的衣服可供选择,父母要根据孩子的年龄阶段和孩子穿脱衣服的能力为孩子选择好穿的衣服,使孩子爱上穿衣服。

此外,还有一些衣服的纽扣特别多,而孩子的精细动作发育还不完善,他们往往扣一个扣子就需要花费很长时间。如果孩子在扣扣子的时候产生挫败感,就会因此而沮丧。为了帮助孩子树立信心,父母最好不要用超难度的动作考验孩子。

其次,在家庭生活中开展丰富多彩的活动,激发孩子独立自主穿衣服的动力。例如,父母可以在周末的早晨和孩子比赛穿衣服。父母切勿当着孩子面穿得又快又好,甚至遥遥领先于孩子,因为这样有可能让孩子自暴自弃。明智的父母会故意慢慢穿衣服,让孩子偶尔获胜,获得很大的成就感。随着不断地练习,当孩子穿衣服的能力越来越强,速度越来越快的时候,父母为了激励孩子也可以适当地提升穿衣的速度,这样孩子就会穿得更好。必要的时候,还可以邀请一些小伙伴来家里和孩子一起举行穿衣服比赛，这对帮助孩子发展穿衣服的能力是极其有利的。

再次，帮助孩子养成自己的事情自己做的好习惯。很多孩子常常认为自己穿衣服是为了帮父母的忙，其实这完全想错了。孩子穿衣服是为了自己，当孩子能够真正意识到这一点的时候，他们对穿衣服的态度就会更加积极主动。父母也可以创设机会，让孩子感受到能够独立穿脱衣服的快乐，使孩子感受到自身能力的提高给生活带来了更大的便利。

最后，借助孩子好为人师的心理，给孩子机会教他人穿衣服。每个人希望自己能够成为合格的老师，教会他人一些事情，也希望在当老师的过程中得到他人的尊重。父母要为孩子创设这样的机会，让孩子教年龄比她小的弟弟妹妹穿衣服，或者也可以让孩子教年纪比他大但穿衣服的能力和水平没有他高的哥哥姐姐穿衣服。在此过程中，孩子一定会感到非常新奇有趣，也会获得成就感，最终对穿衣服产生更强大的动力。

总而言之，不管孩子自己穿衣服穿得是好还是坏，父母都不要代替孩子穿衣服，而是要给孩子多多练习的机会。所谓熟能生巧，孩子只有经常练习，才能把衣服穿得越来越熟练，他们也会认识到自己的能力增强，在做很多其他事情的时候都会更加充满自信。

第三章

统筹安排，让时间"变身"

是否善于统筹安排时间，对于孩子的时间利用率影响很大。所谓统筹安排时间，指的是可以把很多事情交叉或者同步进行，从而大大提高时间的利用率，让时间成功变身。例如，善于利用统筹安排时间的人都是利用时间的高手，他们能够把一个小时变成两个小时甚至三个小时。那么，父母要如何做才能从小培养孩子统筹安排时间的好习惯呢？

统筹安排是什么意思

所谓统筹，就是通盘筹划的意思。统筹安排时间，就是把整个时间段里需要做的事情进行整体安排，这样就避免了手忙脚乱。当制订了详细周密的计划，我们就可以按部就班地根据计划开展很多活动，这一方面能提高时间的利用率，另一方面能够把每件事情都做到最好，可谓一举两得。

在初中阶段，孩子们将会学习一篇课文，这篇课文的作者是竺可桢。在这篇课文里，竺可桢提出了统筹安排时间的概念。父母要想培养孩子的时间观念，应该让孩子更加积极主动地把控时间，无须等到孩子在上初中学习了这篇课文之后，而应该在教育孩子的过程中，把统筹安排时间的观念渐渐地渗透进去，让孩子树立时间观念，形成珍惜时间的意识，从而把每一分每一秒都充分利用起来，这对于孩子成为时间的主人是极其有帮助的。

周末，妈妈在家里给全家人准备大餐。平日里，妈妈因为工作忙，只是做一些简单的饭菜。每当周末，妈妈就会给家人改善伙食，做复杂的菜式，也会增加营养，增强菜品的色香味，让菜品色香味具全。每到这时，全家人总是食欲大开，大快朵颐,狼吞虎咽,很快就分风卷残云般把妈妈做的满桌子美食吃得光盘见底。每当这个时候,妈妈就特别有成就感。

涛涛睡到日上三竿才起床,他惊讶地发现妈妈已经做出了满桌子的丰盛菜肴,不由得感到非常惊讶。他看了看时间,这会才十点半。他问妈妈:"妈妈,你是几点起床的呀?你凌晨就起床了吗?"妈妈笑起来,说:"好不容易休息,我起床那么早干什么呢?"涛涛更疑惑了:"但是你做了这么多菜,如果不是凌晨起床,怎么可能完成呢?"

妈妈哈哈大笑起来,说:"如果把制作这些菜品的时间都加起来,那么我的确需要凌晨起床。不过这些菜品是可以交叉或者是同步进行的,这样就大大节省了时间。所以我早晨八点钟起床,只用了两个多小时就做出了这桌菜。"

涛涛惊讶极了,瞠目结舌地对妈妈说:"妈妈,你可真是一个能干的妈妈呀!不过我还是很好奇,你是如何做到的?要知道,你相当于把一个小时变成了三个小时,这可真是一个非常有用的技巧呢。妈妈,我也想学习这个技巧,以后我就不发愁时间不够用啦!"

妈妈想到涛涛平日里非常的磨蹭和拖延,做事情非要等到最后一刻才能仓促完成,因而当即对涛涛说:"涛涛,如果你想和妈妈一样充分利用时间,妈妈可以教你统筹时间的方法。"

涛涛疑惑地问:"统筹是什么意思呢?"妈妈耐心地解释道:"统筹就是全盘计划。统筹利用时间,可以让很多事情穿插或者同时同步进行,从而节省大量时间。举个最简单的例子来说,这些菜里花费时间最多的菜是炖排骨和炖柴鸡,而妈妈会把排骨和柴鸡先放在锅里炖起来。"涛涛还是不明白:"但是咱们家只有两个锅啊,如果炖了排骨和柴鸡,岂不是就没有锅用来炒菜了吗?"

妈妈提醒涛涛:"你忘了吗?咱们家还有电饭煲呀!妈妈先把排骨和柴鸡一个炖在电饭煲里,一个炖在灶头上,这样就还剩下一个锅用来炒菜。等到柴鸡和排骨炖好之后,我会把电饭煲里的柴鸡盛出来放在保温桶里,然后用电饭煲做米饭。在这个过程中,我一直在用另外一个灶头炒菜。这样一来,我的时间是不是就节省下一大半了呢?这等于炖排骨和炖柴鸡这两道最耗时的菜并没有占用太多时间,我只要把材料准备好,把它们下锅开始炖,就可以做其他菜品了。"

涛涛由衷地对妈妈竖起大拇指,说:"这个方法简直太好了,难怪我每天早晨起床都能吃到美味可口、丰富多样的早餐呢!原来我有一个神奇的妈妈,能把时间变身,让时间变得很多。"妈妈笑着说:"的确如此。如果我们总是能把一分钟变成两分钟,那么我们做事情的效率就会大大提升。例如,如果你晚上的时间都用来写作业,没有时间听英语,那么可以在早晨起床洗漱时听英语,因为听英语只需要用耳朵,不需要占用你的手,这样你不就把听英语的时间节省下来了吗?还有,在爸爸送你上学的路上,大概有20分钟的时间,你也可以用来听英语，这都相当于节省时间。如果你占用晚上写作业的时间听英语，那么你写作业的时间就会少了20分钟，可能会变得很紧张。但是如果你已经在早晨听过英语了，那么你在晚上写作业的时候就多了20分钟可以使用。你再想想，还有哪些事情是可以这样穿插进行的呢？"

涛涛陷入沉思，过了很久才说："我想起来了，例如我们晚上看电视的时候，可以同步泡脚，这样就可以早点上床睡觉了。"妈妈点点头，说："的确如此。你再想想，有没有学习方面的事情可以统筹安排的呢？"涛涛突然喊道："有啊，有啊！例如我们可以利用上学、放学的时间跑步，这样就不用专门进行跑步锻炼了。"

妈妈笑起来，说："虽然这是一个可行的办法，不过在操作性上还有待考察，这是因为上学的路上有很多汽车，还有很多电动车，它们的车速都很快，所以有可能会有安全隐患。尽管我们要节省时间，但是一切还要以安全为前提。"涛涛点了点头。

虽然涛涛一时之间想不出更多的事情可以用统筹安排的方法同步进行，但是妈妈明显感觉到淘淘对于时间的把控越来越好了，拖延的情况也大大好转。

假设每做一件事情需要花费的时间都是一个线段，如果我们把这些线段首尾相接地连接起来，那么一天的时间无论如何也是不够分配的，但是如果我们能够把这些线段有效地重合起来，这样就可以大大提升时间的利用率，从而让时间变得更加宽裕。

现实生活中，很多人都抱怨时间不够用，其实并不是时间不够用，而是我们没有充分利用时间。正如鲁迅先生所说的，时间就像海绵里的水，挤一挤总还是有的。我们除了要挤出时间之外，还要学会合理地安排和高效地利用时间，让时间成功地变身，成倍的地增长，这样我们自然就有了宽裕的时间，也能够从容地做好很多事情。

要想做到统筹安排时间，首先要帮助孩子树立时间观念，形成珍惜时间的意识。很多孩子总觉得自己有大把大把的时间可以浪费。在日常的学习生活中，他们养成了拖延和磨蹭的坏习惯，导致时间在不知不觉间悄然流逝。等到孩子感慨时间不够用的时候，时间却已经一去不返了。

其次，孩子要对需要做的事情了然于胸。很多孩子对于自己需要做什么事情特别迷糊，他们手忙脚乱地做完了一件事情，却发现自己不得不立刻面对另外一件事情，这让他们感觉分身乏术。如果孩子能够了解所有要做的事情，那么他们就会合理地安排时间，想方设法地把这些事情做得更好。在时间紧迫的情况下，他们还会对事情进行排序，以保证自己始终优先做重要且紧急的事情，从而减轻时间带来的紧迫感。

再次，要做到统筹安排时间，还要学会取舍。有些事情是必须做的，但是有些事情是可做可不做的。在时间从容的情况下，我们当然应该争取把每件事情都做得更好，但是在时间紧迫的情况下，我们就只能进行合理的取舍。有的时候，舍弃不是放弃，而是帮助我们集中精力把其他的事情做得更好，所以这反而是提升时间利用率的有效方式。

最后，在开始做事情之前，要做好充分的准备。在上述事例中，妈妈之所以能够同时炖排骨和柴鸡，并且用剩下的另一个灶头炒菜，是因为她已经提前做好了准备，把做菜需要的材料都清理好。如果妈妈没有提前做好准备，而是等到锅上点着了火倒入了油之后，再来洗菜择菜，那么妈妈一定无法做到这么干脆利落，在最短的时间内就做好一大桌子丰富美味的菜肴。

统筹利用时间是一个非常好的技巧，能够帮助我们给时间变身，最大限度地提升对时间的利用率。当我们坚持做到统筹安排时间的时候，我们就会发现自己成为了时间的主人，不再被时间追赶着仓促地应对。

哪些事情可以一起做

通过前文的学习，我们可以知道，统筹安排时间的核心就在于把很多可以一起做的事情同步进行，同时完成。对于这些事情，我们首先要有区分和界定，如果我们把不能同时进行的事情安排在一起，就会因此而分心，分散精力，这反而会让我们手忙脚乱，最终导致事与愿违。要想做到统筹安排时间，我们首先应该明确哪些事情是可以一起做的，在此基础上之上，我们才能够通过统筹的方法最大限度提升时间的利用率，也才能在高效利用时间的同时把每件事情做得更好。

具体来说，哪些事情是可以统筹去做的呢？首先，这些事情之间应该互不干扰。具体来说，就是这些事情需要我们用到身体的不同部位。例如，我们在看电视的时候可以吃零食，因为我们只需要用眼睛看电视，而不需要用嘴巴看电视；我们在刷牙的时候可以听英语，因为听英语用的是耳朵，刷牙用的是嘴巴和手；我们在走路的时候，如果确保安全，可以边走边打电话，因为走路的时候用的是腿和脚，而打电话用的是耳朵和嘴。需要注意的是，为了保证安全，我们应该尽量避免分心。如果打非常重要的电话，最好不要在走路的时候进行，而是要在一个安全安静的地方，专心致志地与对方进行沟通。现实生活中可以同时做的事情很多，不能一起做的事情也很多。如何界定事情是否可以一起做，是统筹安排时间能否成功的关键所在。

周五晚上，妈妈加班很晚才回家。回到家里之后，她当即检查乐乐写作业的情况，发现乐乐正和往常一样在台灯下伏案疾书，专心致志。妈妈感到非常欣慰，赶紧放下手里的东西去洗手，因为她要为乐乐准备水果和牛奶。然而，当妈妈匆匆忙忙地端着水果和牛奶来到乐乐身边时，却发现乐乐虽然是在写作业，但是嘴里却哼着歌。乐乐以前写作业非常专注，很少三心二意。于是妈妈不动声色地仔细观察，她发现乐乐不但嘴里哼着歌，耳朵里还塞着耳机，正在听歌呢！妈妈有些不快，把水果和牛奶放下之后，她取下乐乐的耳机，问乐乐："乐乐，你一边听音乐一边写作业，能专心吗？"

乐乐不以为然地回答："当然呀，听音乐能够让我放松，还能够让我的思维更敏捷呢！"妈妈严肃地说："我可不这么认为。每当工作的时候，妈妈必须保持周围绝对安静，只要有杂音，我就会分心。我觉得学习也是高强度的脑力劳动，也需要保持绝对专注，所以我建议你还是把耳机取下来，像以前一样专心致志地写作业。你如果想听音乐，可以在做其他事情的时候听音乐，例如洗澡的时候、刷牙洗脸的时候、躺在床上准备入睡的时候，这些时间都可以用短暂的时间听音乐，放松心情。"

乐乐显然并不认可妈妈的说法。他说："我边听音乐边写作业并没有让作业的质量降低，也没有让做作业的错误率更高。所以我觉得这是可行的。"妈妈反问乐乐："那么，你听音乐的时候能听见歌词吗？"乐乐点点头。妈妈说："歌词作为一种信息，一定会在你的心中引起反应，那么你在思考歌词的时候，还如何能够专心地思考难题呢？总之，妈妈希望你不要边写作业边听音乐。从另外一个角度来说，你听音乐是戴着耳机的。长时间佩戴耳机会伤害耳膜，降低听力，这样的伤害是不可逆转的。所以我还是建议你在完成作业之后，用外放听音乐，而不要戴着耳机长时间地劳累耳朵。"

听到妈妈说得头头是道，乐乐无法反驳，只好叹了一口气，把耳机拿下来了。妈妈看得出来了，虽然乐乐暂时听从了妈妈，但是他并没有发自内心地认可妈妈的观点。

统筹安排并不意味着我们可以一心二用，也不意味着我们可以长出四只手或者四只眼睛、四只耳朵。统筹安排，必须在感觉器官互不干扰的情况下才能进行。有的事情是用心的，有的事情则不需要用心。例如，很多妈妈晚上看电视的时候会织毛衣，还会转头和孩子说几句话，这是因为她们虽然同时做三件事情，但是并没有耽误其中的任何事情。而且，这三件事情用的是身体的不同器官，所以妈妈在一心三用的时候就显得非常从容。

对于很多脑力劳动者而言，他们在从事高强度脑力劳动时，并不希望身边有人打扰或者有杂音，因为高强度的脑力劳动需要绝对专注。正是因为如此，脑力劳动者对于时间的统筹利用才会更加高标准和严要求。

在日常生活中，当父母引导孩子统筹安排时间时，可以和孩子一起讨论哪些事情是可以一起做的，哪些事情是必须绝对专注当孩子对于这些事情的区分越来越准确，他们在统筹安排做各种事情的时候就会得心应手。

统筹安排与三心二意的区别

很多孩子对于统筹安排的理解出现了偏差，他们认为统筹安排就是同时做好几件事情，因而理所当然地认为自己是可以三心二意的。例如在上文之中，乐乐边听音乐边写作业，这就使他写作业的时候不能集中注意力。也许在短期内这么做不会导致作业质量下降，但是长此以往，乐乐作业的质量一定会大打折扣。为了避免孩子陷入这样的误区，父母必须引导孩子认识到统筹安排与三心二意之间的本质区别。

首先，从注意力的角度而言，统筹安排要保持专注，三心二意却意味着我们一心几用，这会导致我们在做很多事情的时候都不能保持专注，因而出现失误和纰漏。

其次，从时间的角度上来说，统筹安排并不会影响每件事情的进度，反而可以让每件事情齐头并进，在同样的时间里开始，在差不多的时间里结束，从而提高时间的利用率。但是三心二意的结果却恰恰相反，一个人如果三心二意，在做事情的过程中就会无端地耗费很多时间。举例而言，原本做一件事情只需要一个小时，却会因为三心二意而花费了几个小时，并且事情的结果还不圆满。很多孩子在写作业的过程中拖延磨蹭，并没有因为花费的时间多就慢工出细活，反而因为花费的时间多，在做的过程中分心，所以作业的质量反而很差。在这种情况下，父母要为孩子限定时间，逼着孩子在固定的时间内集中专注力，全力以赴地完成作业，使作业的质与量都得到提升。

再次，统筹安排指的是同时做很多事情，但是三心二意指的是做一件事情的时候分心想着其他事情，结果非但没有做好当下的这件事情，还耽误了其他事情。如果说统筹安排的结果是皆大欢喜，那么三心二意的结果就是鸡飞蛋打，一无所成。

最后，统筹安排是有意识地把很多事情安排在同时段进行，这是一种全盘规划的表现，也是深思熟虑的结果，三心二意却是无意识做出的分心举动，例如明明可以集中注意力把某件事情做得更好，却因为分散了注意力导致事情变得糟糕。这些都是统筹安排与三心二意的本质区别。

父母在引导孩子养成统筹安排时间的好习惯时，一定不要把统筹安排与三心二意混淆了。对于具体的事情和具体的情况而言，每个孩子都会有自己的规划和计划，父母要做的是辅助孩子重点突出地做事情，而不要让孩子因为贪心妄想一口吃成胖子。

俗话说，罗马不是一天建成的。孩子要想成为时间的主人，必须付出时间树立时间观念，形成时间意识，否则根本不可能实现。而父母要有足够的耐心引导孩子，要为孩子树立积极有效的榜样，这样孩子才能在统筹安排的过程中有更好的表现。

自从学习了统筹安排的方法之后，琪琪跃跃欲试地想使用统筹安排的方法提升学习的效率，她梦想着原本需要花三个小时完成的作业，在使用统筹安排方法后，只需要一个小时就能完成。虽然对于统筹安排的方法而言，这样的目标并非不可实现，但是当这样的方法运用于学习的时候，效果却是令人担忧的。因为每一项学习的效果都是需要用专注来保证的，如果三心二意，就只会导致事与愿违。

今天晚上回家的时候，妈妈发现琪琪破天荒地正在伏案疾书加速写作业，要知道以前琪琪写作业总是需要妈妈再三催促，而且写的时候也磨磨蹭蹭。现在，琪琪为何变得如此积极了呢？妈妈站在琪琪身后，仔细观察了琦琦写作业的情况，发现了一个啼笑皆非的情况。原来，琪琪一边写着数学作业，一边在背诵语文课文。结果，她的数学作业写得乱七八糟，语文课文也背得驴唇不对马嘴。看到琪琪这样手忙脚乱，妈妈忍不住提醒琪琪："琪琪，数学作业和语文作业能一起写吗？"琪琪对抬起头对妈妈说："当然可以呀！这样就可以把写作业的时间缩减一半。"妈妈指着琪琪的一道错题说："你看，这道数学题目这么简单，你却因为正在背诵语文课文把这道题写错了。妈妈建议，你还是要专心做好数学作业，之后再做语文作业，否则你这样做得乱七八糟，全都做错了，反过头来再修改，就需要花费更多的时间。我认为，你这不是在节省时间，反而是在浪费时间呢。三心二意是不能保证学习效果的。"

听了妈妈的话，琪琪感到非常委屈："我没有三心二意啊，我现在正在专心致志地写作业，我又没有玩，也没有干其他事情，我甚至把书桌上的所有书本和文具都清理了，只想证明统筹安排的强大作用。"妈妈忍不住哈哈大笑起来："你虽然是在学习,但是不同科目的学习内容和学习思路是不同的,如果你总是这样子,把不能同时进行的事情放在一起去做,那么你就会做得很糟糕。不信的话,你现在停止背诵语文课文,专心地检查数学题目,你会发现你的错误率很高。"

在妈妈的提醒下,琪琪才发现数学题目基本上都做错了。她感到很沮丧,对妈妈说："不是说统筹安排很有效果吗?为什么我进行统筹安排的效果却这么差呢!"妈妈对琪琪说:"统筹安排虽然效果很好,能够帮助我们节省时间,但是要视具体情况具体对待。例如,妈妈在做饭的时候可以把一个需要耗费时间很长的炖菜先放在锅里炖,然后再去炒菜。但是,你什么时候发现妈妈会两个锅同时开大火炒菜呢?这是因为一个人只有两只手和两只眼睛,分身乏术,这就是统筹安排的奥秘所在。"

妈妈停歇片刻,对琪琪说："你现在是在写作业,一定要非常专心,尤其是在做数学题的时候略有粗心,就会犯错。妈妈认为写数学作业和语文作业是不能同步进行的。"琪琪看着妈妈,问:"我写作业的时候可以做什么呢?"妈妈摇摇头,说:"写作业的时候什么也不要做,既不要喝牛奶,也不要吃零食,因为这些小小的举动都会扰乱你的思路。如果你渴了,想吃零食,饿了,想喝牛奶,可以到客厅里迅速吃完喝完补充完能量,再回来专心写作业。看起来,这仿佛是在浪费时间,没有把很多事情同步进行，实际上当你保证了做事情的效率，你对时间把控就会越来越好，时间的利用率也会更高的，这反而节省了时间。"

琪琪恍然大悟，从此之后，她再也不会把各科作业放在一起写了，她完成作业的时候非常专注，很少做其他事情。看到琪琪这样的改变，妈妈欣慰极了。

孩子都会因为对统筹安排的理解不够深刻，把统筹安排与三心二意完全搞混。实际上，统筹安排与三心二意有着本质的区别。我们只有保证自己始终在专注地做那些重要且紧急的事情，才能成为时间的领跑者。

长期、中期与短期计划

俗话说，一年之计在于春，一日之计在于晨。对于每个人而言，不管一天才刚刚开始，还是一年才刚刚开始，都应该制订计划作为统筹安排的依据。如果没有计划作为指引，而是根据心意随心所欲地决定做什么事情，那么我们就会被事情追赶得措手不及，有的时候还会因为时间仓促而不得不放弃很多重要的事情。显而易见，这样做带来的结果是不理想的。

要想更好地做到统筹安排，我们除了要做到上述所说的一些事项之外，还应该制订详细周密的计划。根据计划覆盖的时间长短，我们可以把计划分为长期计划、中期计划和短期计划。顾名思义，长期计划就是比较远大的计划目标，中期计划是时间相对适中的计划目标，短期计划就是在比较短的时间内实现的目标。对于这三种计划，我们一定要更加深刻地认知，也要能够制定非常合理的目标，这样计划才能指引我们按部就班地把每一件事情做好。

现实生活中，总有些人不管做什么事情都秩序井然，他们和别人所拥有的时间是一样多的，但是当别人手忙脚乱的时候，他们却能够成为时间的主人，能够真正地驾驭时间，这是因为他们很擅长制订计划，也能够坚决地执行计划。父母要想让孩子形成良好的时间习惯，就要帮助孩子学会制订计划，也要在必要的时候辅助孩子制订计划。相信孩子在一次又一次地执行计划和一步又一步落实计划的过程中，一定会获得成长和进步。

有些人会说，"我只需要制订长期计划，确定自己的远大目标，明确自己发展和进步的方向。"这么说当然有道理，因为长期计划的确能够帮我们明确人生的目标和方向，然而长期计划也有一个弊端，那就是长期计划需要经过漫长的时间才能实现。在此过程中，如果当事人始终得不到激励和鼓舞，也没有体验到成功带来的喜悦，那么他就会变得越来越懈怠。因为目标遥不可及，他还会在失望沮丧之余放弃目标，最终导致事与愿违。因此为了让自己能够在经过努力之后实现小小的目标,获得成就感,我们还应该制定中期目标。中期目标介于长期目标和短期目标之间,中期目标能够帮助我们始终保持正确的方向,坚定学习的目标。在具体操作的层面上,短期目标会起到很大的指导作用。举例而言,我们制定了十年的长期目标和每年的中期目标,也依然需要每天的短期目标来为当天的活动安排提供依据。短期目标的时间因人而异,可以是一个上午甚至是一个小时,也可以是一周、一个月或者是一个季度,这样的短期目标会对我们的行为将起到切实有效的引导作用。

前段时间,马波为自己制定了考上重点高中的长期目标。对于这个长期目标,才上小学三年级的马波信心十足,他信誓旦旦地对爸爸妈妈说:"爸爸妈妈,放心吧!我一定会实现这个目标!"妈妈有些担心,她提醒马波:"你现在才上小学三年级,到考上重点高中还有五六年的时间呢,这个目标是不是有些过于远大了?你为何不先制定一个考上重点初中的目标呢?"马波不屑一顾地说:"重点高中才与考大学密切相关,我就是要一步到位,我就是要立志考上重点高中。"爸爸听到马波如此有志气,忍不住对马波竖起了大拇指,连声称赞。但是他也好心地提醒马波:"设立长期目标固然重要,但是中期目标和短期目标也很重要。我建议你可以在制定长期目标的前提下,继续制定中期目标,那就是考上重点初中。此外,你还可以为自己制定若干个短期目标。例如,这个月的目标是什么？这一周的目标是什么？今天的目标是什么？这样，你才会在目标的指引下切实地展开行动，否则只有空虚远大的目标，你是很难获得成功的。"

在爸爸的提醒下，马波制定了短期目标，那就是每周或每天的目标。这样一来，马波就把考上重点高中的伟大志向落实到了每周和每天的目标上。马波制定目标的时候豪情壮志，然而真正等到目标都落地之后，却有些无所适从。这个时候，爸爸帮助马波从每天的学习日程开始做起，例如早晨读半个小时英语，中午、晚上背诵半个小时课文等。这些目标都为马波切实展开行动提供了计划和依据，马波在坚持按照这些目标去做之后，取得了很好的效果。

在这个世界上，从来没有比人更高的山，也没有比较脚更长的路。有的时候，那些远大的目标虽然看起来很唬人，非常远大，甚至有些脱离实际，但是我们无需为此感到担忧，也不要因为远期目标就感到畏缩和恐惧。只要我们能够坚持做好每个短期目标，一步一个脚印，脚踏实地地努力前行，最终就能够通过这样的方式把梦想变成现实，也能激励自己养成良好的习惯，并且坚持不懈地做到最好。

现实生活中，包括很多成年人在内都会被远大的目标吓得退缩，不敢采取行动，实际上这样只会导致彻底与成功绝缘。大多数情况下，即使失败也不可怕，因为失败至少可以给我们提供更多的机会，让我们收获更多的经验，领悟更深刻的道理。如果什么都不去做，那么等待着我们的只有彻底的失败。

在培养孩子制定目标的好习惯时，父母要让孩子正视远大的目标，也要引导孩子分解远大的目标，让远大目标变成中期目标和短期目标。日本马拉松选手山田本一连续两年获得世界马拉松比赛冠军，他奔跑的秘诀就在于把漫长的马拉松跑道根据各个标志物划分成一段段跑道。当那些选手从出发就奔向遥远的目标，在奔跑的过程中因为目标遥遥无期而心生懈怠时，山田本一却正在奔向一个又一个的小目标。在这实现这些小目标的过程中，他距离远大的目标就越来越近。成长也是如此，我们必须知道自己最终要抵达哪个地方，与此同时，也要知道必须通过哪些路径才能抵达终点，这对于成长来说是至关重要的。

作为父母，还应该有足够的耐心，当看到孩子拼搏努力却没有实现目标的时候，切勿打击、否定、嘲笑、讽刺孩子，而是要始终鼓励孩子，给予孩子更多的支持和帮助。只有如此，父母才能与孩子之间进行更好的互动，也才能给予孩子精神上的强大力量。父母的鼓励对于孩子而言是最强大的精神动力，如果父母总是批评和否定孩子，那么孩子就无法认识到自己的价值，并且因此而陷入自暴自弃的怪圈之中。那些积极乐观、努力向上的孩子一定得到了父母的鼓励，所以他们才能一步一个脚印，踏踏实实地努力上进，哪怕经历失败也绝不放弃，哪怕摔倒了也会马上爬起来，继续前行。心中有目标的人，人生才有方向，也才有未来。

第四章

> 📕 形成家庭作息规律,全家总动员防御"岁月神偷"

时间是组成生命的材料,没有时间,生命也就无法存在。时间也是世界上最高明的小偷,总是在不知不觉之间偷走人的生命,所以一定要全家总动员,共同防御岁月神偷。最有效的方法就是制定规律的家庭作息,让家庭生活保持良好的习惯。

邀请孩子一起制订家庭作息规律表

家庭生活一定要坚持合理的作息安排，这样既能让孩子的生活保持规律，也可以让孩子更有效地进行时间管理。当全家人一起遵守家庭规律作息时，父母还能给孩子做好榜样，对孩子起到言传身教的作用。也有一些父母感到非常苦恼和困惑，因为他们煞费苦心地制订了作息规律表之后，孩子并不愿意遵守，这又是为什么呢？

很多父母总是摆出一副权威者模样，对孩子颐指气使，发号施令，却不知道孩子很不愿意被父母强制要求。在这种情况下，孩子很容易被激发起逆反心理，故意与父母对着干。每个人都渴望得到自由，都希望能够自由自在地进行各种活动。面对这种情况，父母有一个好方法可以解决这个问题，那就是邀请孩子一起制订家庭作息规律表。

从孩子的角度来说，当亲自参与制订家庭规律作息表时，他们就会成为规律的制定者，这样他们自然不会与自己作对；从父母的角度来说，邀请孩子参与制订家庭规律的作息表，还能激发孩子主动遵守规律的兴趣和欲望，从而让家庭生活保持秩序井然的状态。

虽然父母是家庭生活中的监督者和执行者，也是很多规章制度的制定者，但是家并不是父母搞一言堂的地方。随着孩子不断成长，他们的自我意识渐渐增强，叛逆心理也越来越重，父母只有学会尊重孩子，才能给予孩子更好的引导和帮助。虽然制订家庭作息规律表是一件小事情，但是父母的态度却能够通过这件事情得以体现。

六岁的小蕊自从上了一年级之后，每天早晨起床都非常困难，这是因为她晚上睡觉太晚，所以早晨睡不饱不愿意起床。眼看着开学才一个月，小蕊已经迟到了十几次，爸爸妈妈都觉得不好意思面对老师了。这可怎么办呢？他们很担心老师和他们提起小蕊迟到的问题，于是决定采取有效的措施帮助小蕊调整作息规律。爸爸妈妈通力合作，制订了非常严格的作息表，要求小蕊一定要坚决执行，却没想到小蕊看都不愿意看作息表。爸爸妈妈异口同声地说："你早晨起床太晚，总是迟到，老师都有意见了！"小蕊却不以为然地说："你们不是起得比我更晚吗？你们睡得晚，起得也晚，却让我早早起床，还让爷爷送我去学校，我才不听你们的话呢！"

听到小蕊的话，爸爸妈妈都觉得很羞愧，他俩的确都是夜猫子，每天下班回家之后都要玩游戏到半夜三更，上午要睡到日上三竿才起床。对于小蕊的指责，他们无话可说。思来想去，爸爸妈妈决定邀请小蕊一起制订家庭作息表，并且约定都要遵守作息表。看着爸爸妈妈信誓旦旦的样子，小蕊忍不住笑着说:"好吧,那么我就负责监督你们,看看你们是不是真的能够做到早睡早起。"

全家人通力合作,终于制订了新的作息表。这次,他们还郑重其事地在作息表上签了字,准备互相监督、一起执行呢。让爸爸妈妈感到惊喜的是,小蕊在参与制订了家庭作息表之后,有了很大的改变。虽然看到爸爸妈妈因为困倦而不能及时起床,但是小蕊却对爷爷奶奶说:"我既然已经签字了,就要说到做到。我想,我一定可以做到按时起床,按时到校。"果然,在一个多星期里,小蕊每天都坚持早早起床,表现得非常好。

当孩子亲自制订家庭作息规律表,并且在家庭作息规律表上签字时,就意味着他们认可这份作息规律表,并且很愿意执行。也许孩子会反抗外界的压力,但是他们不会反抗自己做出的决定。采取这样有效的方式,恰恰是让孩子来对家庭作息时间做出安排,从而使孩子从被动的接受者变成主动的制订者,也使孩子的表现发生很大的改变。

作为父母,要积极地邀请孩子参与家庭事务,切勿只把孩子作为家庭的附属者,对孩子发号施令。有的时候,孩子在一些事情上的觉悟比父母还高呢,所以孩子完全能够承担监督父母的重任。

家庭生活要想保持良好的作息和规律,就必须形成好的生活习惯。现代社会中,在很多家庭里,父母都是典型的夜猫子,晚上不想睡,早上不想起,不知不觉间就给孩子做出了负面榜样。在没有孩子时,父母也许可以自由地安排生活,但在有了孩子之后，父母就要坚持规律作息，因为只有这样才能让孩子健康快乐地成长。

父母要带头遵守作息规律

在上文的事例中，小蕊的作息规律只坚持了一个多星期，随着时间的流逝，她又恢复了常态。晚上，她磨磨蹭蹭地不愿意睡觉，早上，她拖拖拉拉地不愿意起床。无奈之下，老师只好邀请小蕊的爸爸妈妈去学校里面谈。老师一本正经地对小蕊的爸爸妈妈说："小蕊每天来学校都要迟到半个多小时，每当这个时候，学校里的早读课都已经结束了，老师已经开始上第一节课了。也许你们并不关心孩子能否按时到校、学习的效果如何，但是我想你们必须配合学校的工作，遵守学校的规章制度。如果其他同学正在上课，小蕊姗姗来迟，站在门口喊报到，那么就会吸引其他同学的注意力，导致他们不能认真听讲。长此以往，其他家长也会有意见的。所以，我才会郑重其事地把二位请来，希望你们一定要解决孩子迟到的问题。"

被老师如此严肃地谈话，爸爸妈妈都感到很羞愧，他们意识到只为小蕊制订规律表是远远不够的，他们必须身先表率，成为小蕊积极的榜样，给小蕊施加有效的影响。想到这里，爸爸妈妈痛下决心，决定以后再也不熬夜看电影、玩游戏了，而是要坚持和小蕊统一作息时间，一起睡觉，一起起床。

爸爸妈妈互相加油鼓劲，决定互相监督，谁也不允许违反规定。次日早晨，闹铃响起，爸爸妈妈睁开困倦的双眼，却又不知不觉地睡着了。这时，闹铃再次响起，妈妈只能勉强睁开惺忪的睡眼，使劲踹醒了爸爸。就这样，他们破天荒地早早起床，一起去叫小蕊起床。听到爸爸妈妈的呼唤声，小蕊在睡意蒙胧间还以为自己在做梦呢。她睁开眼睛看了看爸爸妈妈，又忍不住揉了揉眼睛，最终惊喜地喊道："爸爸妈妈，你们居然起床了！"爸爸妈妈趁此机会对小蕊说："我们不仅要求你早早起床，我们自己也要做到。以后，我们三个必须互相监督，看看谁不起床，谁就是大懒虫。谁如果能起床坚持起床，谁就可以成为我们这个小团队的队长，好不好？"这个方式非常新颖，小蕊一骨碌地从床上爬起来，说："好吧，明天早上我一定要比你们起得早！"

晚上九点半，家里要关灯了，爸爸却还盯着游戏看个不停，妈妈也在兴致勃勃地追剧，跟着电视剧的情节哭哭笑笑。这个时候，爷爷走过来把电视关掉，面色严肃地对爸爸妈妈说："记得你们对孩子的承诺，不要让孩子不相信你们。"爸爸妈妈只好抓紧时间洗漱，赶在九点半准时关灯。这下子，就算小蕊不想睡觉，却也无话可说了，因为爸爸妈妈都已经睡觉了，她又能做什么呢？每当九点半，家里黑灯瞎火，全家都进入了睡眠状态。对此，爷爷奶奶感到非常高兴，因为他们一直以来都想坚持早睡早起，却因为爸爸妈妈带着小蕊整晚闹腾，影响了他们的作息。虽然刚开始的时候，全家人坚持统一作息很难，但是随着坚持的时间越来越久，一切都进展顺利，最终全家人都养成了良好的作息习惯，爸爸妈妈再也不用顶着一对熊猫眼去上班了。

很多孩子的平等意识都非常强，他们不愿意只听从父母的安排，而常常盯着父母的所作所为。那么，对于父母而言，在家庭生活中，任何的规章制度都应该适用于所有的家庭成员，所有的家庭成员都应该主动积极地遵守家庭规定，否则就会在家庭生活中形成特例，扰乱家庭生活的正常秩序。在这个事例中，爸爸妈妈一开始只是为小蕊制定了规则，小蕊出于兴奋执行了一段时间之后，但渐渐变得懈怠，爸爸妈妈这才意识到只有他们身为表率，才能让小蕊积极主动地遵守作息规律。

具体而言，制订合理的家庭作息表对孩子的成长是很有好处的。既可以帮助孩子养成良好的生活习惯，也可以帮助孩子提高对时间的利用率，让孩子在有限的时间中拥有更多可以自由支配的时间。在制订家庭作息规律表的时候，为了激发孩子遵守时间的兴趣，也为了让孩子产生自主的力量坚持遵守作息表，父母还要致力于成为孩子最佳的榜样。

人的自觉性毕竟是有限的，不管是孩子还是成人，都会因为想遵从本能去过安逸舒适的生活，而不愿意强求自己。在这种情况下，就要在家庭生活中张贴明确的作息表，时刻提醒自己。例如，可以以漫画的形式画一画家庭生活的日常作息表，也可以制订严格的表格，张贴在每个人一眼就能看到的地方。除了要制订每天的作息表之外，还应该制订每周的作息表，这样就会让家庭生活面面俱到，任何时候都有作息表可以遵守，使家庭生活更加秩序井然。

在制订家庭生活作息表的时候，父母不要过于贪心。很多父母把时间安排得非常紧张，分秒不差，这样会给遵守时作息表的人带来很大的压迫感。生活应该张弛有度，在不同的活动项目之间要留下一定的缓冲时间。在制订作息表的时候，要有平行时间、交叉时间，也要有全家人进行亲子活动的共同时间。只有保持劳逸结合的良好状态，全家人才能坚持作息表，过幸福美好的生活。

有些父母会利用制订作息表的时间严格控制孩子玩耍的时间，让孩子把更多的时间用于学习。父母要知道，孩子的成长是漫长的过程，不可能一蹴而就。父母只有减轻内心的焦虑，尊重孩子成长的节奏，也为孩子制订合理的学习计划，才能让孩子不那么抵触和排斥作息表。否则，一旦孩子不愿意配合，再完美的作息表也只会变成一纸空文。必要的情况下，父母还可以留出特定的时间与孩子进行放松活动，如陪着孩子一起看一场电影，和孩子一起进行户外活动。这些活动都能够拉近亲子关系，增进亲子感情，也让全家人团结一致，齐心协力地达成目标。

虽然父母要和孩子一起遵守家庭作息规律表，但是却不要给孩子过大的压力，也不要把孩子限制得太死。有些孩子已经比较大了，有自己的想法和主见，父母可以给孩子一定的权利，让孩子制订个人作息表。对于孩子的私人事情，可以让孩子进行自主的安排，毕竟孩子对自己的情况是最为了解的。如果父母总是在旁边对孩子指手划脚，反而会激发起孩子的逆反心理，使孩子不愿意配合父母，更不愿意严格遵守作息表。

在此过程中，父母还要对自己进行准确的定位。父母是孩子的陪伴者，而不是孩子的监督者，没有人愿意整天被人监督，被人唠叨和催促。孩子也是如此。古人云，己所不欲，勿施于人。父母在对孩子做任何事情的时候，都应该先换位思考，可以假设自己是孩子，想一想自己是否愿意接受同样的对待。只有坚持这么去做，父母才能以更好的、更有效的方式梳理孩子的情绪，让孩子积极主动地配合父母遵守作息表。

周末也要坚持规律作息

在很多家庭里，虽然工作日中大家都能够坚持规律作息，但是到了节假日或者是周末，大家就会比较放松，不愿意继续遵守作息表。有些父母到了周末会彻夜看电视，通宵看电影，无休止地玩游戏，而这样的放纵举动无形中会对孩子造成负面影响。孩子原本是想按时睡觉的，也知道自己应该按时睡觉，但是当看到父母正在放纵狂欢的时候，他们的自制力就会急速下降，甚至变为零。在这种情况下，父母哪怕提醒孩子要坚持规律作息，孩子也往往不愿意听从父母的安排，更可能会反驳父母：你们为什么不按时睡觉呢？而孩子这样的一句反驳，往往会让父母哑口无言。由此可见，不管是在周末还是在节假日，父母都要身为表率，做孩子最积极的榜样，给孩子强有力的推动。

有些父母认为到了周末或者节假日，没有必要坚持规律作息，其实这样的想法完全是错误的。具体来说，在非工作日坚持规律作息有以下好处。

首先，孩子在周一到周五期间一直坚持规律作息，他们已经养成了良好的习惯。习惯的养成需要在漫长的时间里坚持，如果到了周末，父母放弃要求孩子坚持规律作息，并且放纵自己的行为，给孩子做出糟糕的榜样，那么原本就缺乏自控力的孩子自然不再坚持规律作息，而是肆无忌惮地做自己想做的事情，这样就破坏了习惯养成的连贯性，使前面一段时间的坚持功亏一篑。

其次，从身心健康的角度来说，不管是在工作日还是在休息日，孩子都需要得到充分的休息。只有坚持规律作息，孩子才能在固定的时间入睡，睡饱了之后在特定的时间起床，这样孩子就会精神饱满。如果到了周末，全家人就不再坚持规律作息，熬夜通宵地玩耍，那么孩子正常的作息规律就会被打乱，孩子也就不能得到充分的休息，精神上也会非常倦怠。

再次，好习惯的养成对孩子的一生都会产生深远的影响。所谓习惯，就是应该每天都坚持去做的事情。如果某种行为分为工作日和周末，那么就不能称为真正的习惯。即使父母到了周末很想放松一下，去做想做的事情，也不要因此而让孩子对于习惯的养成产生误解。如果父母真的不想早早睡觉，那么可以按照平时的作息规律准时熄灯，等到孩子睡着之后，父母再关起卧室的门小声地看一场电影，或者追一追喜欢的电视剧。在不影响孩子的前提下，父母进行适度的休闲和娱乐，这也是可以理解的。

最后，任何好习惯的养成都是一个漫长的过程。在制定了严格的作息规律之后，父母如果不能坚持执行，就不能达到预期的效果。孩子最擅长察言观色，会通过观察父母的态度来决定自己如何做，因而父母一定要贯彻执行作息表，而不要三天打鱼两天晒网，这样会使孩子感到非常迷惘。在坚持周末也按照作息规律开展行动的情况下，父母会在孩子面前树立威信，这对父母对孩子开展教育是大有裨益的。

几个星期下来，小蕊在规律作息方面有了很大的进步，又因为爸爸妈妈每天都和她一起起床，一起睡觉，所以她坚持规律作息的动力就更为强劲了。然而，再过一个多月就到寒假了，爸爸妈妈欢呼雀跃着说："哇，终于不用和小蕊一起早早睡觉，早早起床了！"看到爸爸妈妈这样的举动，小蕊也兴奋地喊道:"哇,终于不用再每天按时睡觉,按时起床啦!我又可以晚一点睡觉,多看一会儿电视,又可以睡到太阳晒屁股啦!冬天的被窝太温暖了,我一点儿都不想起床!"

听到小蕊的话,爸爸妈妈突然意识到:如果在寒假期间不能坚持规律作息,那么此前一个多月的坚持形成的良好习惯,也许就要付诸东流了。思来想去,爸爸妈妈陷入矛盾之中,一则他们想在寒假里好好地放松和休息,二则他们又担心小蕊此前养成的习惯都消失了,为了养成习惯所付出的努力也就全都付诸东流了。

在经过一番讨论之后,爸爸妈妈痛下决心:"好吧,寒假也必须和上学的日子一样,坚持规律作息,全体家庭成员都要如此。"看到爸爸妈妈做出了明智的选择,爷爷说:"你们这样的决定才是对的。孩子好不容易才养成了好习惯,现在早晨不用喊就能起床了,你们却要在寒假狂欢,那么前面的一切努力就全都白费了。"

听了爷爷的话,爸爸感到很羞愧,他们真心地对爷爷说:"您老说得对,我们应该坚持正常作息,不应该因为到了假期就放纵。"于是,爸爸妈妈给小蕊颁布了新规定,要求小蕊和他们一样,在寒假的每一天都坚持规律作息。小蕊一开始对此非常抵触,她振振有词地说道:"现在已经放寒假了,早晨又不用起床上学,我晚上为什么不能晚点睡呢?"

爸爸妈妈语重心长地劝说:"小蕊,如果你现在晚睡晚起，等到开学之后你又要经过一个很难熬的适应阶段。既然你已经养成了晚上到点就睡，早上到点就起的好习惯，那么就要坚持，对不对？"

在爸爸妈妈的劝说下，小蕊终于想明白了这个道理。她说："我明白了，就像周末也要坚持规律作息一样，寒暑假也必须坚持规律作息。只要你们能做到，我也能做到！"

太多的孩子，包括很多父母都陷入一个误区，他们觉得保持规律作息的目的是为了让孩子能够按时起床，上学不迟到。其实，保持规律作息的目的是为了孩子能够健康成长，所以不管是在工作日还是在休息日，不管是父母还是孩子，都应该继续保持规律作息，这样才能让好习惯保持下去，也才能让孩子始终都得到充足的睡眠，做出良好的行为表现。

毫无疑问，每当到了周末或者是节假日，不管是孩子还是父母，对于执行规定这方面都会有所懈怠。那么，父母作为成人，作为孩子的主导者和最佳的榜样，一定要时刻保持警惕，因为一时的懈怠就会对孩子的教育起到负面影响。必要的时候，父母可以让孩子承担起监督员的角色，这样一则可以让孩子主动遵守规律，二则也可以让孩子监督父母，从而一举两得，使全家人都能够坚持规律作息。

为了让孩子有更强大的动力，坚持规律作息，父母还可以给孩子设定奖项，毕竟孩子如果能够在周末或者是假期依然坚持规律作息，就说明他们有很强的自控力和意志力。奖励孩子的时候要注意，不要总是以物质和金钱奖励孩子，而是可以给孩子一些精神和情感方面的奖励。例如，带着孩子去游乐场，或者是抽出一天的时间陪伴孩子去郊游、野餐等。这样的活动不但会让孩子感到非常兴奋，而且能够拉近亲子关系，让父母与孩子之间的感情更加深厚，从而使家庭教育开展更顺利。

还有些家庭里会采取积分制，即在假期里，如果孩子每一天都能够坚持作息规律，那么，父母就会奖励给他们积分。当孩子积累攒到一定积分的时候，就可以用积分兑换礼物，或者是兑换一次心仪已久的娱乐活动。这是非常新奇有趣的方式，将会激发起孩子的好奇心，也会让孩子对于这项活动始终保持热情。作为父母，要认识到教育孩子从来不是简单容易的事情，父母必须开动脑筋，时刻保持良好的状态，也要想出各种新奇的方式激发孩子的动力，孩子才愿意配合父母做出良好的表现。

假期的华丽蜕变

如果能够在假期继续坚持规律作息，那么孩子在假期将会拥有大量可以自由支配的时间。前文我们曾经说过，如果早上赖床不起，那么一整天的时间就会被严重打折；如果孩子赖床到中午时分才起床，那么一天可利用的时间就会被打五折。可想而知，在这样的情况下，时间缩水得多么厉害。与此恰恰相反的是，如果孩子在假期依然坚持早睡早起，那么因为不需要去学校上学，所以孩子就有漫长的一天可以用来合理地规划和充分地利用。当孩子在整个假期里都坚持规律作息，并且坚持充实生活的时候，孩子就会有华丽的蜕变。

在工作日的时候，孩子早早起床，爸爸妈妈和孩子一起吃完早饭之后，会把孩子送到学校，让孩子开始一天紧张忙碌的学习。在漫长的假期里，孩子依然早早起床，如果父母不能够合理安排孩子的生活，使孩子起床之后无所事事，孩子就会觉得早起是没有意义的。所以要想激励孩子早起，父母一定要注重安排孩子的假期生活，也要引导孩子在假期中坚持做一些有意义的事情，从而让孩子在各个方面都有进步和提升。

在接连三天的假期里，小蕊起床都很早，不过她起床之后没有事情可干，只是坐在家里看电视。看到小蕊一大清早就对着电动画片看得津津有味，妈妈不由得担心起来，她对爸爸说："孩子起得这么早，又不需要上学，只是在看电视，还不如睡觉呢！"爸爸也意识到了这个问题，他想了想，对妈妈说："我们不是一直觉得小蕊太瘦弱，胃口也不好吗？为何不借助这个机会带她一起晨练呢？如果她能够坚持在整个假期里都进行晨练的话，相信她一定会变得更强壮，说不定还会胃口大开呢！"妈妈认为爸爸说的很有道理，当即对爸爸表示支持。

听说爸爸要带着自己去跑步，小蕊不由得感到很抗拒，她对爸爸说："我不要去跑步，天气这么冷，出去寒风刺骨，如果跑出一身汗回来，那么我很容易感冒的。"听到小蕊的担心，爸爸笑着说："没关系的，爸爸会注意保护你的，而且你只要把身体锻炼得很强壮，感冒就不容易打倒你了。你也知道感冒的滋味是非常难受的，对不对？咱们是去晨练，不是去挨冻，所以我们只会越练越强壮，不会越练越瘦弱。"

听到爸爸说得这么好，小蕊不由得有些心动。爸爸赶紧趁热打铁："我和妈妈还推出了积分卡制度，如果我们每天都坚持晨练，就能够获得很多积分。这些积分就可以兑换成相应的礼物，还可以兑换成相应的娱乐活动，这样就无须等到过生日的时候就能要礼物了。"

小蕊听说有礼物可以换，高兴得一蹦三尺高，当即改变了态度，对爸爸说："好吧，好吧！我和你一起去跑步，但是你和妈妈说话一定要算数啊！我想要一个芭比娃娃。"爸爸郑重其事地说："小蕊，只要你坚持跑步，赚足积分，当然可以换芭比娃娃啦！不过你可要好好攒积分，每天都要坚持跑步，否则三天打鱼两天晒网，还会被扣掉积分呢！"

后来，妈妈给小蕊发了一张积分卡。这张积分卡制作很精美，也非常正规。看到自己每一天坚持跑步都能够得到积分，小蕊感到特别有趣。在漫长的寒假里，她每天都冒着冷风和爸爸去跑步，除非刮风下雨才偶尔暂停。

每当刮风下雨的时候，小蕊就会很遗憾，不过她会在家里进行一些活动代替跑步，同样能够得到积分，例如她会在家里进行仰卧起坐、下蹲起、原地踏步、原地高抬腿等运动。看到小蕊运动的热情越来越高,爸爸妈妈都欣慰极了。寒假结束之后,小蕊的身体变得非常强壮,她还成功地增重五斤呢!看到瘦弱的小蕊脸颊上有了肉,而且身体素质越来越好,妈妈由衷地称赞爸爸想出了一个好主意。

时间只有得到利用才能够创造价值,如果只是虚度,那么时间就会悄然溜走,一去不复返,并不能够对我们的生活起到任何实质性的影响。在上述事例中,爸爸妈妈的提议非常好,他们发现小蕊早起之后只是在看电视,觉得这是在极大浪费时间,因而决定带着小蕊进行晨练。这不但能够帮助小蕊充分利用时间,还能够让小蕊增强体质变得越来越强壮,可谓一举两得。

孩子如何度过假期,对于他们成长的影响是很大的。有些孩子在假期里除了吃就是睡,每天过着像"猪"一样的生活,甚至无所事事,却连作业都没有完成,这使得他们对开学非常恐惧。一旦开学之后,因为经历了长时间的懈怠和放松,他们需要一段时间去适应,因而学习成绩会出现波动。我们也应该向事例中小蕊的爸爸妈妈学习,有意地为孩子安排有意义的活动,这样孩子才能借助假期的机会在身体健康和学习情况两方面实现弯道超车。

有人说,生命在于运动,其实运动对孩子而言是假期里非常有益的活动。运动不但能够增强孩子的体质,还能激发孩子的潜能,让孩子变得越来越精神。有些孩子看起来非常病弱,这与他们缺少运动,不能坚持进行体育锻炼有很大关系。

  当然,和前文所说的一样,孩子始终在观察父母的一举一动。要想让孩子在假期实现华丽蜕变,父母应该先给自己制定严苛的训练计划,陪伴在孩子身边,成为孩子的领跑者。有些父母非常懒惰,不愿意进行体育运动,这无形中就会影响孩子,让孩子认为自己也不需要进行运动。家庭生活习惯对孩子的影响是非常大的,孩子在刚刚出生的时候就像一张白纸,染之黄则黄,染之苍则苍,父母要在这张白纸上描摹色彩,等到孩子具备相应的能力之后,他们也能够继续为自己的人生描绘色彩。

第五章

快与慢，谁说了算

从绝对意义上来说，时间对于每个人都是公平的。每个人每天都有24小时，每个小时都有60分钟，每分钟都有60秒。但是从相对意义上来说，有的人觉得一天的时间过得非常快，转瞬即逝，而有的人却觉得一天的时间过得非常慢，甚至会产生难熬的感觉。那么，时间的快与慢到底是由谁说了算的呢？对于孩子而言，他们会把生活中的大部分时间都用来学习，因而把握好时间、充分利用时间、掌握好时间的相对概念对于孩子的成长是非常重要的。要想让孩子充分利用好时间，就要引导孩子做好时间管理，提升孩子的学习效率，这样孩子才能突出学习的重点，让学习成为一件快乐的事情。

什么是快，什么是慢

在最近这段时间里，小北对时间感到非常疑惑。小北才八岁，正在读小学二年级，他已经形成了时间的概念，知道十分钟大概有多长，也知道一节课的时间大概有多长，所以他在珍惜时间方面做得还算比较好的。不过小北每次出去玩的时候，总是说妈妈在骗他。因为妈妈规定他可以玩一个小时，他觉得自己才玩了十几分钟，妈妈就喊他回家了；然而在学习的时候，小北又觉得时间过得异常慢，例如他和妈妈约定要看半个小时书，但是他已经看了好几本了，时间还没有到半个小时，所以小北常常说妈妈是个大骗子。如何才能够让小北相信时间的确会给人快慢不同的感觉呢？妈妈可不想被扣上大骗子的名号啊！于是妈妈决定想办法帮助小北了解时间的相对概念。

周末，妈妈带着小北去公园里玩，妈妈和小北说好小北可以玩一个小时，这一次不再用妈妈的手机计时，因为妈妈特意给小北带来了电子手表，并且把电子手表扣在了小北的手腕上。妈妈指着小北手腕上正好指向九点钟的指针，一本正经地叮嘱小北："你认识电子表吧？看好了，现在是九点整，咱们到十点整准时回家，这期间正好是一个小时。"小北不屑一顾地说:"我当然认识,哈哈,这一下子手表放在我身上,你再也无法作弊啦!"妈妈无奈地笑了笑说:"你自己看时间吧,这次如果时间过得快,那可怨不着我了。"

小北和妈妈约定好之后就赶紧去玩儿,他最喜欢做的事情就是在公园里和小伙伴一起做游戏,进行跑步比赛,玩陀螺。总而言之,他们每次都能够找出新鲜有趣的玩意,而且每次都玩得很高兴。小北玩得满头大汗,正当他准备和小伙伴们一起去草丛里找蛐蛐的时候,妈妈对小北喊道:"小北,时间到了。"小北当即不假思索地反驳:"妈妈,怎么可能?我才玩了这么一会儿!"妈妈说:"那你看看你的手表呀!"小北看向自己的手表,这才发现时针已经指向了十点,这意味着现在是十点整,。小北还是感到难以置信,他问小伙伴们:"你们谁有手表呀?现在是十点了,我怎么觉得妈妈对我的手表动手脚了呢?"有一个小伙伴恰巧带了电话手表,她看了看时间,对小北点了点头说:"的确已经十点了。"小北沮丧地说:"天呐,为什么玩耍的时间总是过得这么快呢?为什么学习的时时间不能过得这么快呢?

因为和妈妈事先约定好了,小北只好乖乖地和妈妈回家。回到家里洗漱完之后,大概十点半,妈妈对小北说:"从现在开始,你要阅读半个小时,到十一点整,妈妈带你出去吃饭。今天是周末,妈妈可以奖励你吃必胜客,好不好?因为你今天在公园里的表现非常好,到了时间就和妈妈一起回家了,并没有耍赖皮。"听到妈妈说自己耍赖皮,小北明显有些不高兴。不过,他决定再次验证手表的时间是否正确。他偷偷地看了妈妈的手机,发现手机上正好是十点半,他又准备校对手表的时间,发现手表的时间也是正确的。

确定了时间后,小北就开始看书了。他拿出自己平日里喜欢看的几本书,也许是因为惦记着要去吃必胜客吧,他觉得时间过得异常慢。他走马观花地看了好几本书,时间才过去15分钟。小北又不得不找出几本书来看,但是他三心二意,看书的时候心神不宁,等到他又看完一本书的时候,时间才过去五分钟。小北崩溃地问妈妈:"妈妈,我已经看了好几本书了,怎么才过去20分钟啊,还有10分钟才能出发呢。"

妈妈笑着回答小北:"你继续看书吧,时间还没到呢!等到了必胜客,我会告诉你时间为什么这么神奇。"小北又开始看书,这次他看得很投入,因为他知道时间过得很慢,所以他只能够专心地看书。结果他才看了半本书,妈妈就喊她:"小北,时间到了,你是愿意继续把这本书看完,还是愿意现在就去吃必胜客呢?"小北当然愿意马上去吃必胜客,最重要的是他还想知道时间到底为何时而特别快,时而特别慢。

热腾腾的披萨上桌了,妈妈一边吃披萨,一边语重心长地对小北说:"小北,你知道为何时间有的时候快,有的时候慢吗?"不等小北回答,妈妈继续说道:"这是因为在这些时间内你做的事情不同。你特别喜欢玩,你担心时间过得太快,时间偏偏会过得很快；你不想看书，你盼望着时间能过得快一点，但是时间反而过得很慢。就像咱们现在吃披萨，你吃着美味的比萨，喝着香甜可口的玉米汁，会感觉不到时间的流逝。但其实时间过得是很快的，你看看现在已经过去多久了。"小北一看时间，发现已经12点半了，他惊呼道："我们11点从家里出门，到必胜客也就十几分钟，现在怎么都12点半了呢？"妈妈说："因为我们等必胜客等了一段时间，我们吃必胜客又用了一段时间，但是因为我们很爱吃必胜客，所以很享受这个过程，就感觉不到时间过得快了。"

听了妈妈的话，小北若有所思。过了良久，他说："我知道了，考试的时间过得也特别快，就是因为考试的时候我们都担心时间不够用，低下头刷刷地写着，所以时间不知不觉就溜走了。而每天中午排队等着吃饭的时候，时间却很慢，这是因为我们饿得肚子咕咕叫，却不得不排队等着老师给我们打饭。我真想马上吃饭啊，我越是这么想，时间就过得越慢。"

妈妈点点头说："这就是时间的相对概念。时间的绝对值是一样的，但是因为每个人都有自己主观的感受，所以每个人对时间的快慢感受是不同的。每个人在做不同的事情时，对时间的快慢感受也是不同的。"小北恍然大悟，说道："难怪刚才我看前面的几本书时觉得时间很慢，看最后那本书却觉得时间过得很快呢，这是因为我在看最后那本书时特别投入，沉浸在故事的情节里，所以时间不知不觉就到了。"妈妈对小北竖起了大拇指，认可小北的话。

时间不仅有绝对的概念，也有相对的速度。绝对的概念，指的是运动员跑步的时候用几秒跑完100米，相对的速度指的是我们在做一件事情的时候，主观上的感受是快还是慢。在这个事例中，小北对于时间的快慢就感到非常疑惑，这是因为他只知道时间的绝对概念，而不知道时间的相对速度。经过妈妈这样的一番比较，小北体验到在不同的情境下人对时间的快慢感受是不同的，也就知道了妈妈并没有骗他，只是因为他对时间的渴望不同，所以才感觉到时间过得忽快忽慢罢了。

父母不仅要让孩子树立时间观念，帮助孩子形成珍惜时间的好习惯，还要引导孩子了解时间相对快慢的概念，这样孩子才能够理解时间有时候快，有时候慢的原因到底是什么。对于成年人而言，我们也常常会有这样的感受，那就是在做自己喜欢的事情时，往往不知不觉之间时间就流逝了，而在做自己不喜欢做的事情时，简直就是在一分一秒地熬时间，心里明明盼望着艰难的时间快快地流淌过去，可时间却磨磨蹭蹭的，不愿意赶紧流走。

如何让时间过得更快

在了解了时间的相对概念之后，小北虽然知道了妈妈没有骗他，但是他很想通过这种有趣的现象欺骗自己。例如有的时候他觉得时间很难熬，就会想方设法地让时间过得更快一些。现在他已经知道了让时间过得更快的秘诀，那就是做自己喜欢做的事情，让时间在不知不觉之间流逝。

这个周末，爸爸妈妈要带着小北一起出席同事的婚礼，小北最喜欢参加婚礼了，因为参加婚礼既可以看到美丽的新娘，还可以和新娘要红包和喜糖呢！所以他每次听到要去参加婚礼都特别激动。婚礼是在酒店里举行的，宾客们只要在11点钟赶到酒店就可以。如果去得太早，只能在酒店里干等着，因而爸爸妈妈决定十点钟从家里出发。他们哪里知道小北因为兴奋早晨六点多钟就起床了呢。六点多到十点钟，还差三个多小时呢，这么漫长的时间可怎么度过呀？刚开始因为还有很长时间，所以小北还能静下心思看书，但是随着时间的流逝，距离出发的时间越来越近了，小北渐渐地坐立不宁，心神涣散，他只想赶快出发。但是妈妈要细致地化妆，还要换上最漂亮的衣服，所以小北尽管催促爸爸妈妈早一点出发，妈妈却对小北的请求置若罔闻。看着妈妈把自己的脸当成了调色盘，正在进行仔细地装饰，小北只好请求爸爸："我可以玩会儿游戏吗？因为我觉得时间过得实在是太慢了。"看到小北急得如同热锅上的蚂蚁，爸爸答应了小北的请求。

小北最喜欢玩《我的世界》，因为在《我的世界》里，他可以建造自己喜欢的房屋，也可以开拓新的领土。在得到爸爸的批准后，他当即就拿起爸爸的手机玩起了《我的世界》。小伟玩得特别投入，这下子他再也不催妈妈了。妈妈乐得清闲，耐心细致地打扮自己，等到妈妈终于化好妆换好衣服时，已经十点过五分了。眼看着时间变得非常紧张，妈妈催促小北："小北，要出发啦！"这个时候，小北反而不着急了。他惊讶地问："时间怎么过得这么快？我的世界还没建造完呢，咱们能不能晚一会儿再走呀？"

妈妈笑着对小北说："小北啊，你忘记了时间的快慢也有相对概念吗？其实啊，现在已经十点过五分了，如果我们再推迟出发的时间，就无法赶在婚礼开始之前到达现场了。你不想看看整个的婚礼仪式吗？"小北依依不舍地放下手机，说："好吧，那咱们就出发吧！我要是早一点就提出玩手机游戏就好了，时间就不会过得这么慢了，我也能够把整个游戏玩完了。"爸爸安慰小北："没关系，等参加完婚礼回来，你可以继续玩游戏。"得到爸爸的安慰后，小北可开心了，兴致勃勃地和爸爸妈妈一起去参加婚礼了。

小北非常聪明，自从听到妈妈讲了时间快慢的相对概念之后，他就知道了如何让时间过得更快一点，那就是做自己喜欢做的事情。每当感到时间难熬的时候，他就会找一些喜欢的事情做，例如看书，玩游戏，这些都是小北喜欢做的事情。比起看书，他觉得玩游戏的时间过得更快，正因为如此，他才会在等待妈妈时，向爸爸提出玩游戏的请求，这样等待妈妈打扮自己的时间也就不显得那么难熬了。

对于一个无所事事的人来说，时间总是过得很慢，因为他们并没有那么多事情要做。例如，很多老人在退休之后常常觉得很空虚，时间多到无法打发，那么可以去做一些有意义的事情，例如报名参加老年大学，和志同道合的老朋友们一起组织合唱团、跳舞团等。举行各种丰富多彩的活动，都能够帮助老人把时间过得更快一些，让他们生活得更充实美好。

对于孩子而言，要想让时间过得更快，就要投入地去做一些喜欢的事情，如果仅仅做自己感兴趣的事，是远远不够的。做事情时一定要非常投入，集中注意力，把所有的关注焦点都放在喜欢的事情上，时间才会过得更快一些。

细心的孩子们还会有一个发现，那就是自己越是盼望时间过得慢一点，越是担心时间不够用，时间反而过得越快。反之，如果自己越是盼望时间过得快一点，越是担心时间太多，常常时间过得更慢，非常无聊。所以孩子们在想办法让时间加快速度溜走的时候，要调整好自己的心态，不要总是想着让时间过得快一点，否则时间就会越来越慢。当孩子把关注点放在自己喜欢做的事情上时，时间就会悄然流逝；而当孩子把关注点集中在时间上，每时每刻都盼望着时间早早流逝时，时间反而慢慢吞吞地往前走。

为了帮助孩子感受到时间过得飞快，父母也可以做一些事情改变孩子对时间的感受，例如父母可以和孩子进行积极的互动,带着孩子玩一些有趣的游戏,还可以给孩子提供更多便利的条件,让孩子做他们想做的事情。在家庭生活中,父母应该营造良好的家庭生活氛围,经常组织一些欢乐有趣的活动,这些活动都会让孩子感到生活充实,也会让孩子觉得时光飞逝。在愉快的感受之中,孩子还会非常珍惜和父母在一起的时光,可谓一举两得。

如何拓宽时间的宽度

有人说,人生是一场不知道终点在何处的旅行。的确如此,没有人知道自己的生命将会在何时戛然而止,有的生命也许会非常漫长,有的生命却如同白驹过隙一样转瞬即逝。既然我们无法决定生命的长度,那么如何才能够拥有充实幸福的人生呢?只有一个方法,就是拓宽生命的宽度,充分利用时间,让生命更加精彩。

如果把生命比喻成一个长方形,那么我们无法决定长方形的长度,要想增加长方形的面积,我们要怎么做呢?答案就是拓宽长方形的宽度。在长度已知且固定的情况下,宽度越宽,长方形的面积就越大。人生恰恰就像这样的长方形,我们唯一能做的就是拓宽宽度。在真实的生命之中,我们要拓宽生命的宽度,就要拓宽时间的宽度,因为时间是组成生命的材料。时间的宽度相当于生命的宽度，如果认识到这一点，那么我们还会虚度人生吗？

具体来说，我们该如何拓宽时间的宽度呢？这当然是一个非常有难度的事情，但是并非不可做到。和控制生命的长度相比，拓宽时间的宽度显得更加容易，毕竟这是我们主观上可以决定的，也是我们主观上可以操控的。

首先，充实时间的意义。太阳每天从东方升起，从西边落下，这样的规律不会因为任何人而改变，所以不管我们以怎样的方式度过一天的时间，时间都会悄悄流逝，一去不返。我们要想度过充实的一天，就必须让这一天的活动非常精彩，做好这一天的计划和安排。

其次，坚信早起的魔力。很多人都喜欢晚睡晚起，这样做使一天的时间被大打折扣。早起是一件非常神奇的事情，早起的人和朝阳一起起床，每天早晨都能够感受到清晨的阳光沐浴在身上那种温暖的感觉，内心也会因此充满了希望。早起的人可以做更多事情，和中午才起床的人相比，他们拥有了整个上午的时间，而上午是一个人一天之中精力最为充沛的时段。在这个精神抖擞、记忆力非常好的时段里，做事情也会取得非常好的效果。所以要想拓宽时间的宽度，我们就必须坚持早起。当然，早起的前提是保证充足的睡眠，这就要求我们必须坚持早睡，而不要把夜晚都用来狂欢，否则就相当于透支生命、浪费生命，最终会让我们的生命之泉枯竭。

再次，根据事情的轻重缓急，对事情进行排序。很多人做事情没有头绪，因而会把原本简单容易的事情搞得乱七八糟。如果能够根据轻重缓急对事情排序，始终坚持做最重要且最紧急的事情，那么我们就能够把时间用在刀刃上，大大提升时间的利用效率。

具体而言，轻重缓急的事情可以分为四类。第一类是重要且紧急的事情。这种事情处于最优先的位置。第二类是紧急但不重要的事情。因为事发紧急，所以我们必须要优先处理。第三类是重要但不紧急的事情。这些事情很重要，如果不处理会引起严重的后果，却不紧急，所以可以等到空出时间的时候进行处理。第四类是不重要也不紧急的事情。这类事情做或者不做都不会对事情产生很大的影响，所以我们就没有必要浪费很多时间做这些事情，而是可以在优先处理完前三类事情之后，再根据剩余多少时间决定是否处理这类事情。当我们坚持这么去做的时候，我们就始终在做剩下的事情中最重要且最紧急的事情，这也会帮助我们提升时间的利用率，让我们变得更加从容。

最后，学会统筹的方法，让时间变身，把一分钟变成两分钟，把一个小时变成两个小时，把一天变成两天。当学会用统筹的方法合理地安排时间，我们就能够让有很多事情并行，大大提升时间的利用率。如果别人在一个小时的时间里只能做一件事情，我们却可以在一个小时的时间里做两到三件事情，那么我们就相当于延长了人生。

这些都是拓宽时间宽度的有效方法。父母们在教育孩子的过程中，可以帮助孩子学习和掌握这些方法。孩子们对于时间的掌控力度往往不如成人，这是因为他们缺乏时间观念，对于生命的宝贵也没有深刻的认知。父母要肩负起重要的角色，始终向孩子灌输时间重要的观念，这样孩子才能真正成为时间的主人，也才能把握时间，让时间得到充分利用。

提升效率是关键

对于固定量的作业，原本需要一个小时才能完成，如果孩子只用了20分钟就敷衍了事地完成了，那么这样的快不是真正的快，因为孩子完成作业的质量很差，所以，这样的快反而是真正意义上的慢，是在浪费时间。反之，如果是同样量的作业，原本需要一个小时才能完成，但是孩子却用了三个小时才完成。在这三个小时里，他一边写作业一边玩，时而拿起铅笔转一转，时而拿起橡皮玩一玩，这同样会导致孩子完成作业的质量很差。结果就是，孩子虽然耗费了三倍的时间完成作业，但是质量非常差，甚至要重做，这也是真正意义上的慢。

要想让孩子提升速度，最重要的是要提升效率。如果效率低下，那么孩子使用的绝对时间不管是长还是短，对于孩子而言，这都是在浪费时间，并不是珍惜时间的表现。那么，什么是效率呢？所谓效率，就是孩子在单位时间内完成事情的速度。只有保证速度与质量齐头并进，才是真正的高效。如果虽然使用的时间很短，但是质量下降，那么这样的效率就是伪效率，反而会导致孩子出现慢速的行为表现。

很多父母都抱怨孩子有磨蹭和拖延的问题，为了帮助孩子提升效率，他们想尽办法，却收效甚微。父母要想帮助孩子提升效率，是有技巧可用的。

首先，不要总是催促孩子。看到这个标题，可能很多父母都会感到特别惊讶：我一直在催促孩子，孩子都特别慢，先不说质量，速度就提不上去。如果我再不催促孩子，那么孩子岂不是要写作业写到明天早晨吗？即使写到明天早晨，也未必能够写完。这么想的父母其实进入了教育的误区，那就是他们觉得自己是孩子学习的监督者，是孩子不折不扣的监工。试问，如果你是孩子，你愿意总是被他人催促和督促吗？你当然不愿意。所以父母不要总是试图给孩子施加外力，而是要激发起孩子学习的内部驱动力，让孩子发自内心地认识到必须提升速度，保证质量，只有这样才能在学习上有更好的表现，才能从根本上解决问题。从这个意义上来说，也许当父母真正做到不再催促孩子的那一天，孩子也就真正认识到了效率的重要性。

其次，父母不要为孩子承担责任。很多父母发现孩子作业没有完成的时候，就会想出各种借口向老师解释，生怕老师因此而批评孩子。但是，如果孩子总是拖延，却从来不为拖延而承担任何后果，那么他们又怎么会意识到拖延的严重性呢？如果孩子不能意识到拖延的严重性，也不能为自己的行为负责，那么他们又怎么会主动地改掉拖延的坏习惯呢？现在的父母总是溺爱孩子，也常常为孩子包办代替，这都会使孩子养成对父母的依赖性。明智的父母不会总是代替孩子去承担责任，相反，他们会对孩子放手，让孩子主动承担起自己的责任，这样孩子才能积极地进行反思，也才能及时改正自己的不良行为。

再次，为孩子制定奖惩措施，而不要总是为孩子布置课外作业。很多父母发现孩子在完成课内作业的时候磨磨蹭蹭、拖拖拉拉，为此百思不得其解，不知道为何自己采取了各种各样的方式都不能够有效地提升孩子完成作业的效率。他们不知道的是，孩子之所以出现拖延无度的现象，正是父母导致的。很多父母发现孩子能很快完成学校的作业，所以会自作主张地给孩子布置课外作业。但是没有孩子愿意完成更多的作业，父母这样做会使得孩子想方设法地拖延时间，逃避课外作业。日久天长，孩子就养成了拖延的坏习惯。即使父母真的认为孩子需要完成一些课外作业，作为校内作业的补充，也要讲究方式方法，也要为孩子制定奖惩措施，而不要让孩子陷入拖延的误区之中。

最后，帮助孩子开展积极的竞赛，让孩子主动提高效率。很多孩子都有争强好胜的心理，父母如果能够让孩子与同龄的小伙伴之间展开积极的竞赛，那么孩子就会一改在学习上消极懈怠的状态,主动地提高效率,这是因为他们有强烈的想赢的欲望。例如,父母可以邀请孩子的同学来家里和孩子一起做作业,在此过程中,他们遇到不会的题目可以互相讨论,遇到会的题目就会加快速度。父母还可以带着孩子参加同龄人的活动,让孩子参加一些兴趣班,这都能够提供更多的机会让孩子接触同龄人。有些孩子很少有机会与同龄人在一起玩耍,更不了解同龄人的学习情况,就会盲目乐观,认为自己在学习上表现非常好,因而骄傲自满。不愿意进步,最后出现停滞不前的情况。当孩子与更多的同龄人相处后,他们会知道人外有人,天外有天的道理,在学习上就会更加积极主动,从而提升学习的效率。

甜甜刚刚升入小学一年级,对学习感到非常新鲜有趣。每天回到家里,她都主动完成作业,完成作业之后还会主动朗读或背诵课文。然而,在经过一段时间的学习之后,甜甜意识到一年级的学习可不如幼儿园的学习那么有趣,因而常常在妈妈面前说:"我可真想回到幼儿园,在幼儿园里不用写作业,还不用被妈妈批评。"听到甜甜的话,妈妈啼笑皆非,对甜甜说:"每个小朋友长大了都要上一年级呀,上完一年级还要上二年级,最后就像哥哥一样上到八年级。哥哥即使已经上八年级了,也还要继续上学。他还要上高中,读大学,读研究生。每个人只有坚持学习,才能成长。等到你长到像爸爸妈妈这样大时,就能做很多自己想做的事情啦!"

妈妈的话正中甜甜的心坎，因为甜甜一直梦想着自己能够快快长大，像妈妈一样想做什么就做什么，还能照顾爷爷奶奶呢！甜甜无奈地说："那好吧，我只能继续上一年级啦！"这次事情之后，甜甜在学习上表现出明显的消极心态，她完成作业的速度越来越慢，而且不愿意在完成作业之后背书了。看到甜甜已经养成的好习惯就要消失了，妈妈感到非常心急，心想：这可怎么办呢？

有一天，妈妈接了甜甜从学校回家的时候，发现甜甜的一个同学就住在自家楼下。这个时候，妈妈灵机一动对甜甜说："甜甜，不如我们邀请这个同学回家一起写作业吧。你们可以一起写作业，比比谁写得又快又好，写完作业之后还可以比赛背书，先背完书的同学将会得到一个棒棒糖哦！"听到有棒棒糖吃，甜甜马上兴奋地邀请同学来家里一起写作业，同学奶奶当即答应了。从此之后，甜甜或者邀请同学来家里写作业，或者去同学的家里写作业。一段时间之后，甜甜的作业写得越来越好，而且写得非常快。最重要的是，甜甜和这位同学都把课文背得滚瓜烂熟，同学的爸爸妈妈都感谢甜甜妈妈想出了这样一个好方法。

妈妈的这个方法之所以奏效，就是利用了竞争的方式，激起了孩子的好胜心。尤其是对于同班同学和同楼的邻居来说，甜甜的好胜心更是爆棚。也正因为如此，她才会在学习上有更出色的表现。

总而言之，父母一味地强求孩子提升效率，往往会激发起孩子的逆反心理，使孩子不愿意配合。明智的父母会采取有效的措施帮助孩子，激发孩子学习的欲望，让孩子主动地提升学习效率，这样才能达到预期的效果。

第六章

分清楚轻重缓急，让时间始终用在"刀刃"上

孩子成长的节奏是非常慢的，越是在年幼的时候，孩子在生活中需要做的事情就越少，所以他们对于时间会缺乏概念。随着不断成长，孩子需要面对的事情越来越多，为了把每件事情都尽量做好，他们必须对这些事情进行综合评估，最终判定自己应该先做哪件事情，后做哪件事情。孩子只有学会根据轻重缓急给事情排序，才能把时间用在刀刃上，充分合理地利用时间。

以轻重缓急区分不同的事情

周末,爸爸妈妈都要出差一天,早晨走晚上回,这意味着小雨要独自待在家里一天。妈妈非常发愁,说:"好不容易休息一天,正准备打扫卫生呢,却又被出差给搅和了。要是我回家的时候房子干干净净就好了,要是世界上真的有田螺姑娘就好了。"这个时候,小雨兴奋地对妈妈说:"妈妈,放心吧,我会把家里打扫干净的。"听到小雨的话,妈妈既惊喜又怀疑,说:"你还会打扫卫生?"小雨拍拍胸脯保证道:"放心吧,我在学校里不也经常打扫卫生吗?所以我肯定能够让你满意的,我就是家里的田螺姑娘。"

这个时候,爸爸忍不住对小雨竖起大拇指,说:"小雨,你能够主动提出帮助家里打扫卫生,这是值得表扬的。不过你可要记得哦,你马上就要参加英语之星的演讲比赛了,需要熟记演讲的内容,还需要多多练习。此外,你还要参加计算机比赛。最重要的是爸爸妈妈晚上回来会比较晚,你需要自己做饭吃。当然啦,如果你能顺便做好爸爸妈妈的晚饭,那么我们会更开心的。"

爸爸话音刚落,小雨就掰起手指头开始数起来:"今天,我要做几件事呢?第一,我要打扫卫生;第二,我要听英语;

第三，我要做作业；第四，我要练习计算机；第五，我要做饭。看来，我今天将会度过充实的一天，不知道我能不能顺利地把这些事情都完成。"说着，小雨吐了吐舌头。

妈妈提醒小雨："小雨，虽然事情看起来很多，不过只要你能够合理地安排，还是可以把每件事情都做好的。我觉得你可以根据轻重缓急给这些事情排个顺序，那么你觉得你应该怎么排序呢？"小雨想了想，说："我首先要打扫卫生，这样的话，我就可以待在干净整洁的环境里，心情也会很舒畅。第二件事是英语比赛迫在眉睫，我必须听英语。当然啦，做作业也很重要。如果不能完成作业，星期一去学校就会被老师批评。接下来是练习计算机。听到小雨的回答，妈妈赞许地说："你的排序很正确，那么你想一想，我们曾经学过统筹安排的方法，你要怎么做才能提升效率呢？"小雨毫不迟疑地回答道："我可以一边打扫卫生，一边听英语，因为打扫卫生并不需要动脑子，只需要动手，而听英语恰恰相反，不需要动手，只要用脑子和耳朵就可以。所以我可以一边听英语，一边干活。"奶奶称赞道："看来，小雨现在对于时间的利用率真的很高呀。"小雨接着说："然后我会开始做作业，做完作业就练习计算机。听到小雨回答的头头是道，爸爸妈妈放心地出差去了。傍晚回家的时候，他们闻到家里飘散出饭菜的香味，开心极了。

很多孩子从小习惯了接受父母的照顾，不管有什么事情，父母都会代替他们做好，这使得他们做事情的能力比较低，而且没有得到锻炼。对于父母而言，随着孩子不断成长，应该学会对孩子放手。小时候，孩子需要处处都得到父母的照顾，但是随着渐渐长大，孩子的能力得以增强，他们终究要离开父母的身边，独立面对生活，所以父母要理性对待孩子，要提供更多的机会让孩子亲自去做很多事情。

当孩子突然之间面对很多事情的时候，父母可以以事情轻重缓急的程度为标准，教会孩子区分不同的事情应该如何排序，例如重要且紧急的事情要优先去做，紧急但不重要的事情放在其次，重要但不紧急的事情放在再次，不重也不紧急的事情放在最后。当孩子坚持按照这个顺序去做好每一件事情的时候，就意味着他们正在当下做最重要且最紧急的事情。这样一来，孩子就可以提升时间的利用率，争取把每件事情都做得更好。

毋庸置疑，每一件事情的紧急和重要程度都是不同的。要想让孩子根据轻重缓急的程度对事情进行排序，先要教会孩子如何判断事情的轻重缓急的程度。此外，还要引导孩子认识到一个道理，那就是不同的事情对于不同的人而言轻重缓急的程度是不同的。例如一个饥肠辘辘的人，他迫在眉睫的需求就是找到东西填饱肚子，而对于一个吃饱喝足的人来说，填饱肚子就显得并不那么重要了。

根据事情的具体情况及每个人判断的标准，事情轻重缓急的程度也是各有不同的。通常情况下，轻重缓急还是有大概标准的，所以父母可以对孩子加以适当的引导，然后再让孩子根据实际情况给不同的事情排序，最终孩子才能充分利用时间，也才能保证做好每件事情。需要注意的是，很多孩子误以为要优先做重要的事情，其实不然，在以轻重缓急对事情加以区分的时候，紧急程度是优先于重要程度的。举例而言，孩子突然肚子疼需要上厕所，但是与此同时，他还要保证自己不能迟到。从重要程度上来说，上课不迟到肯定比上厕所更重要，但是从紧急程度上来说，上课即使迟到也没关系，重要的是先上厕所，解决生理问题，这样才能尽快恢复如常去上课。所以当孩子以轻重缓急对事情进行区分的时候，父母要引导他们把紧急程度看得比重要程度更加重要，这样孩子才能选择先做更为紧急的事情。

在现实生活中，有一些紧急情况如果不能得到及时处理，就会引发严重的后果。最近这几天，网络上有一则视频显示，在一家生产日化产品的工厂里突然起火。原本，只有很小的火苗，但工人看到起火之后，并没有意识到这个情况很紧急，甚至没有当即灭火。后来，看到起火点的火势越来越旺，他才开始以错误的方式灭火，而其他工人都对此采取漠视的态度，没有人主动帮忙灭火。最终，看到火势越来越大，他们一哄而散，全都逃离了现场，却没有通知正在楼上工作的工人们。最终，这场火灾导致19人丧生。这次事故给我们带来的教训是非常惨痛的。所以，不管是成人还是孩子，对于紧急情况都要有足够的敏感性，也要及时采取有效的措施，否则星星之火可以燎原，小小的火星会引发巨大的火灾，小小的疏忽会使人遭遇厄运。

马上处理紧急且重要的事情

作为一名六年级的学生,刘涛深刻认识到学习的重要性,在学习上非常积极主动。妈妈不止一次地表扬刘涛,说刘涛自从上了六年级之后学习的主动性大大增强,而且在学习上不需要父母操心了。因为得到了妈妈的鼓励,刘涛在学习上的表现更好了。

这天中午,刘涛因为感冒突然发起了高烧,老师看到刘涛蔫头耷脑的样子,用手触摸了刘涛的额头,发现刘涛的额头很烫,当即让刘涛去校医务室找医生测量体温。这个时候,刘涛对老师说:"老师,不行啊,历史老师还让我帮他做标准答案呢。如果我现在去校医务室的话,就会耽误做标准答案。我已经答应历史老师了,如果我失言的话,老师会生气的。"听到刘涛的话,班主任老师语重心长地说:"刘涛,做事情要分清楚轻重缓急,如果现在你身体没有异样,当然要优先帮助历史老师做标准答案,但是现在你发生了特殊情况,你的额头很烫,有可能发烧了,如果不马上处理,你感到特别难受,不但无法做好标准答案,还会因此承受痛苦。所以,老师认为当下最重要且紧急的事情是去校医务室测量体温。如有必要,就让医生帮助你降温。"听到老师说得头头是道,刘涛觉得很有道理,他为难地说:"但是,我怎么跟历史老师说呢?"班主任老师说:"放心吧,我会跟历史老师解释的,你先去医务室吧。"

得到班主任老师的帮忙后,刘涛终于放下手中正在做的标准答案,去了校医务室。医生经过测量之后发现刘涛真的发烧了,他得知刘涛是因为感冒才引起发烧,所以给刘涛吃了退烧药和感冒药。大概半个小时后,刘涛的体温恢复正常,医生叮嘱刘涛要多喝水。回到教室之后,刘涛觉得比刚才舒服多了,所以又开始做历史的标准答案。最终,刘涛提供了一套非常完美的标准答案给历史老师,历史老师非常感谢刘涛的付出。得知刘涛是带病做出了标准答案之后,历史老师更是由衷地为刘涛点赞。

孩子固然要以学习任务为重,但是当身体出现异样或者觉得非常难受的时候,要以身体健康为先。就像事例中的刘涛,虽然他是一个认真学习、做事也尽职尽责的孩子,但是如果为了给历史老师做标准答案,就始终发着高烧,那么就会给他的身体带来很大伤害,也会影响他发挥正常的学习水平。在班主任老师的一番分析之下,刘涛才意识到处理紧急的情况比做重要的事情更应该优先,所以他放下了正在做的历史答案,去校医务室采取有效的措施进行降温。

和做历史标准答案相比,发烧是一件重要且紧急的事情,所以刘涛要优先处理发烧的情况。当然,对于不同的人来说,紧急情况都是不同的。举例而言,一个人如果突然感到非常口渴,那么喝水对他而言就是紧急的事情,但是对于一个不那么口渴的人而言,是否马上就喝水并无关紧要。由此可见,事态是否紧急是因人而异的。同样的道理,事态是否重要也是因人而异的。例如一个人生病了,奄奄一息,急需得到医生的救治,所以去医院对他而言是最重要的事，但是一个健康的人却不需要去医院，或者他们去医院是为了例行体检，那么这件事情就并不那么重要，也不那么紧急，即使晚几天进行也无关紧要。

在判断紧急且重要的事情时，我们要从紧急和重要两个维度对事情加以判断，而且在进行判断的时候，要结合自身的情况和事态发展的情况进行综合考量，然后再决定是否当即处理重要且紧急的事情。在真正解决问题的时候，我们还要充分利用时间，及时作出处理。如果时间非常的紧迫，我们只靠着自己的能力不能圆满地处理问题，那么我们就要向父母寻求帮助，相信在得到父母的帮助之后，我们能够更加妥善地处理好各个问题。

从父母的角度而言，当孩子面临既重要又紧急的事情时，父母应该怎么做才能够帮助孩子呢？

首先，因人制宜，对症下药。对于父母而言，要想帮助孩子解决问题，就要找到问题的根源和症结所在。如果父母根本不知道问题出在哪里，就盲目地指挥孩子不对症地采取行动，只会导致问题变得越来越严重。很多孩子一旦遇到紧急情况，就只会因为着急慌张而手忙脚乱，也只会因为担心出现糟糕的后果而紧张焦虑。在这种情况下，父母应该给孩子吃一颗定心丸，既要对孩子表示出明确的意愿，帮助孩子解决问题，也要引导孩子对很多事情都做出预估，这样孩子才能做好最坏的准备，拼尽全力去争取得到最好的结果。

其次，有些孩子因为缺乏人生经验，当紧急且重要的情况发生时，他们并不能敏感地觉察到异常。例如前文所说的起火事件，这起事件的发生就是因为工人并不知道自己正在面临的情况会引起怎样的危险。孩子因为缺乏人生经验，对危险的到来往往更加迟钝，父母要凭着自己丰富的人生经验，在第一时间就给予孩子有效的引导和帮助，既要帮助孩子分析利弊，也要帮助孩子认识到他正在面对的事情有多么重要且紧急，这样孩子就会引起足够的重视，也会及时采取有效的措施解决问题。

暂缓处理紧急但不重要的事情

紧急但不重要的事情之所以排序在重要且紧急的事情之后，而排序在重要但不紧急的事情之前，就是因为紧急情况是必须马上处理的，否则事态的发展会非常迅速，很有可能在短短的时间之内就超出我们的可控范围，这样我们的状态就会变主动为被动。

紧急但不重要的事情分为两大类。一类是可以交给他人去处理的事情。在这种情况下，如果我们有时间，那么应该优先自己处理，如果我们实在分身乏术，那么可以交给他人处理。另一类是必须需要本人亲自处理的事情。在这种情况下，我们就要优先处理这样的事情。

切勿因为一件事情不那么重要就轻视这件事情。因为如果这件事情非常紧急，一旦不能得到及时处理，就会引发更严重的后果。时间不但是治愈一切伤痛的良药，也是一种非常厉害的发酵剂。在时间的发酵之下，原本无关紧要的事情会产生令人震惊的负面作用，还有可能引起严重的后果，所以我们一定要及时有效地处理事情，尽量避免事情恶化。

放学回家的路上，小杰显得有些心神不宁。对于小杰的表现，妈妈很纳闷，她询问小杰："小杰，你怎么了？你看起来不高兴呀！"小杰愁眉苦脸地对妈妈说："明天上午我要参加作文比赛，但是明天上午实习老师就要走了。实习老师对我特别好，我很想亲手制作一张贺卡给她。虽然我可以利用今天晚上的时间做好贺卡，但是明天我要直接去作文比赛的地点，不能去学校了，这样我就不能把贺卡送给老师了。这可真是一个遗憾呀！老师实习结束就要回老家了，与我们相隔1000多里地，我想可能再也见不到老师了。"

看到小杰这么伤感，妈妈问小杰："那么，你觉得是送别实习老师重要，还是参加作文比赛更重要呢？""小杰毫不迟疑地说："如果只能二选一，当然是参加作文比赛更重要，因为这次参加作文比赛不但代表了我们班级，还代表我们学校。如果我能够为班级和学校赢得荣誉，那可就太好了。"妈妈继续引导小杰："但是，你也想亲自制作送贺卡给老师，对不对？"小杰重重地点点头，很无奈，也很失落。

妈妈想了想，对小杰说："在参加比赛和送贺卡给老师之

分清楚轻重缓急，让时间始终用在"刀刃"上 第六章

间，并不是只能二选一。参加作文比赛没有人能够替代你，但是送贺卡给老师却可以找别人替代你。这两件事情都很紧急，因为都要在明天去做，但是这两件事情都同样重要。它们唯一的区别在于，送贺卡给老师是可以请别人代办的，参加比赛是必须亲自参加的。所以，我认为你可以利用今晚的时间做好贺卡，明天早晨我会把贺卡送到学校，交给你的好朋友，由你的好朋友代替你把贺卡送给老师，你觉得如何？"

听到妈妈说的头头是道，小杰高兴极了，他当即一蹦三尺高，说："太好了！妈妈，这样我就可以先安心地参加作文比赛了。咱们快点回家吧，我一回家就制作贺卡。我一定要做一张最漂亮的贺卡送给老师，我还会在贺卡上写我最想对老师说的话。"

因为妈妈提供的建议帮助小杰圆满地处理了问题，小杰参加作文比赛的时候丝毫不惦记送别老师的事情。他非常专注，因而发挥了最高的写作水平，在作文比赛中获得了一等奖。当得知这个好消息的时候，小杰还请班主任老师打电话把这个消息告诉了实习老师呢。尽管远隔千里，实习老师依然给小杰送上了祝福。

对于小杰而言，参加作文比赛和送别实习老师都非常紧急，不管这两件事情是否特别重要，他都想把这两件事情做好。然而，他分身乏术，无法在同一时间出现在两个地点分别做这两件事情，幸好有妈妈这个高明的军师为他出谋划策，让

109

他两者兼顾，既做了贺卡，由好朋友代替他送给老师，又准时参加了作文比赛，还获得了一等奖。

当孩子同时面对至少两件紧急的事情时，父母应该给予孩子有效的帮助。例如，父母可以引导孩子选择其他的方法解决问题，对于可以托付他人的事情，最好托付给他人去做。再如，父母可以帮助孩子出谋划策。需要注意的是，不要在孩子刚刚遇到难题的时候就帮助孩子解决问题，最好让孩子先独立进行思考，如果孩子实在不能解决问题，主动向父母求助，父母再出手帮助孩子是完全来得及的。

此外，父母还要给孩子树立好榜样。当父母自己也面对难题的时候，切勿当着孩子的面放弃，而是要积极地分析问题，也要开动脑筋想出更好的策略解决问题。最重要的是，父母要示范给孩子看，教会孩子向他人求助，借助于他人的力量把事情做得更好。这对于孩子而言是很重要的。这是讲求合作的时代，一个人很难仅仅依靠自己的力量就做好每一件事情，所以积极地向他人求助，借助集体的力量，对于孩子的成长和发展而言至关重要。

及时处理重要而不紧急的事情

在上一篇文章中，我们说要优先处理重要且紧急的事情，

分清楚轻重缓急，让时间始终用在"刀刃"上 第六章

然后处理紧急但不重要的事情，那么接下来我们要处理哪些情况呢？很多朋友认为应该把重要但不紧急的事情排在第二位，其实这样的排序是错误的。如果以重要和紧急为维度对事情进行划分，那么紧急程度应该排在重要前面，也就是说我们接下来要处理那些紧急但不重要的事情，这样才能够避免因延误紧急情况而导致更严重的后果。那些重要的事情因为并不那么急迫，所以晚些处理也能够得到圆满解决，并不会对结果造成严重的负面影响。

接下来，我们要讲一讲如何处理重要但不紧急的情况。因为事情很重要，却不那么紧急，所以我们有时间做好准备。所谓万事俱备，只欠东风，当我们具备很多做事情的条件时，我们只需要略微努力就能够获得成功。反之，如果我们缺乏准备，仓促应战，那么往往意味着我们会承受失败。当面对重要但不紧急的情况时，我们无须因为紧张而手忙脚乱，更不要仓促应战，既然还有时间做准备，我们就要做好准备，从容面对。

还有一个星期就要期中考试了，最近这段时间里，乐乐每天都在紧张地复习着，准备迎战期中考试。就在这个时候，他突然接到了学校的通知，让他代表学校参加机器人大赛，而且比赛的时间就在三天之后。听到时间赶得这么紧张，乐乐感到非常担心。他说："我正在准备期中考试呢！如果现在参加机器人大赛，就意味着我没有时间准备期中考试了。"听到乐乐的话，妈妈询问乐乐："那么你是否决定参加机器人大赛呢？"乐

乐想了想，说："我的确很喜欢编程，也想参加机器人大赛，去年我看到上一届同学参加机器人大赛时就非常羡慕。"

得到了乐乐肯定的回答，妈妈对乐乐说："虽然还有三天就要参加机器人大赛了，但是还有一个星期才会期中考试呢。妈妈认为你可以先用这三天的时间集中全力准备机器人大赛，等到机器人大赛结束之后，你可以利用剩下的三天时间集中全力准备期中考试。因为准备期中考试的三天里有两天都是周末，不需要上课，所以你的时间会更加充裕。我相信只要你充分利用周末，完全可以弥补前面三天的欠缺。"

听了妈妈的话，乐乐进行了仔细的考量，他说："参加机器人大赛是重要且紧急的事情，参加期中考试是重要但相对不紧急的事情，我想我只要合理安排，应该能够应付得了这两件事情。"看到乐乐充满自信的样子，妈妈高兴地说："是的，人总是会面对各种突发情况，如果你能把这两件事情处理好，妈妈认为你下一次再遇到同样的情况时就不会手忙脚乱了。"在妈妈的鼎力相助下，乐乐在机器人大赛中获得了很好的名次，而且期中考试也取得了很好的成绩。

孩子小时候的生活节奏很慢，而且孩子可以自由地做各种各样的事情，没有人催促他们。但是随着成长，孩子生活的范围越来越大，他们面对的事情也越来越多。很多时候，孩子因为要面对这些事情，常常陷入被动的状态，又因为这些事情一股脑地涌来，他们难免感到无从应对。在这种情况下，父母既

分清楚轻重缓急，让时间始终用在"刀刃"上 第六章

要引导孩子区分事情的轻重缓急，也要帮助孩子正确地处理这些事情。面对重要但不紧急的事情，父母应该如何引导孩子圆满地处理呢？其实父母只要做到以下几点，孩子就能在处理这些事情的时候有更加出色的表现。

首先，随时做好准备以应对突发情况。没有人知道意外和明天哪一个先来，虽然孩子所面对的突发情况并没有意外那么严重，但是当这些情况突然发生的时候，孩子还是会感到很突然，措手不及。在这种情况下，如果孩子此前已经做好了心理准备，也做好了各种应对的计划，那么孩子就会更加从容。有一些事情其实是可以未雨绸缪的，也可以提前谋划，从容应对。例如，学校要组织运动会，孩子就不要等到运动会开办的前一天开始锻炼身体，坚持跑步，而要在得知学校要开始举办运动会之前的一两个月就开始锻炼身体。更长远的计划表现在，孩子应该每天都坚持锻炼身体，因为锻炼身体的目的并不是为了参加运动会，而是为了提升体能，增强体质。如果孩子坚持预先做好这些事情，不管是参加学校的运动会，还是参加其他形式的运动项目，他们都会非常从容。

其次，对于那些重要但不紧急的事情，孩子还可以采取循序渐进的方式解决。例如，孩子想应对期中考试，没有必要在期中考试之前才进行突击复习，而是可以在学期开始之初，每一天都坚持复习。如果孩子坚持在学习的每个阶段都进行复习，那么这样日积月累，孩子对知识的掌握就会越来越牢固。

不管什么时候,应对考试的他们都会充满自信,也能取得良好的成绩。

最后,对于那些重要但不紧急的事情,不要总是搁置。时间是最好的良药,能够消除世界上所有的伤痛,但是时间也是最强效的发酵剂。随着时间的流逝,原本很容易解决的小问题有可能变成大问题,原本不那么紧急的情况也有可能变得越来越紧急。所以,父母要提醒孩子,只要有时间,就要尽快处理那些重要但不紧急的事情,哪怕每天只能取得一个小小的进步,但是只要日积月累,就可以收获好结果。切勿等到最后关头再手忙脚乱,否则只会事与愿违。

很多孩子都有严重的拖延症,他们明知道一件事情非常重要,但是当意识到这件事情不紧急的时候,他们就会把这件事情无限度地搁置下去。时间总是会用光的,如果我们有整个暑假的时间做一件手工,却没有及早去做,而是等到暑假快要结束的时候才开始做,那么我们就无法交上令人满意的作品。与其这样,我们不如在暑假刚开始的时候就搜集材料,思考创意,这样我们才能尽早交上令人满意的作品。总而言之,时间总是会偷偷流逝,我们只有珍惜时间,才能成为时间的主人。如果任由时间从我们身边流走,那么我们的生命只会越来越无意义。

第七章

坚持自律，才能成为时间的小主人

父母即使再爱孩子，也不可能始终陪伴在孩子身边，每时每刻关心和照顾孩子，督促和管理孩子。要想从根本上解决孩子对于时间的管理问题，父母就要培养孩子的自律性。自律的孩子往往能够集中注意力，专注地做一些事情，真正成为时间的主人。反之，不懂得自律的孩子很容易三心二意，在不知不觉之间，就会受到时间的奴役，被时间牵着鼻子走，总是觉得时间不够用。

自律的孩子更自由

随着不断成长，乐乐越来越渴望自由。例如，他不想让爸爸妈妈为他安排每天晚上的学习活动。到了周末，他也不想让爸爸妈妈命令他做一些事情。他只想独立自主地安排自己的时间，甚至想在不被爸妈监管的情况下，自由地开展活动。有几次，乐乐对妈妈提出这样的请求，妈妈因为担心安全问题，又害怕乐乐因不能合理安排时间导致延误作业，所以就拒绝了乐乐的请求。

有一次，爸爸妈妈有事，要一起去北京出差。这让妈妈非常担心乐乐的学习。到了北京的第一天晚上，妈妈就打电话回家，向爷爷奶奶询问乐乐的学习情况。爷爷奶奶说："乐乐已经完成了作业，正在乖乖地洗漱，准备睡觉呢！"听到爷爷奶奶的话，爸爸妈妈终于安心了。

三天的时间很快就过去了，妈妈迫不及待地回到家里，翻看了乐乐此前三天的作业情况。她发现乐乐的作业做得非常工整，而且很认真，正确率也很高。妈妈忍不住表扬乐乐："乐乐，看来你真的已经具备了管理自己的能力，我以后不用再管你的作业了。"乐乐高兴地说："你早就应该这么做了，我不是早就对你说了么，我能管好自己。"

妈妈笑着对乐乐说:"你能管好自己,我可是要看到现实的表现,而不能只凭着你说我就会相信你。事实证明,这三天你把自己管理得很好,所以我会继续观察你一个星期。如果在这个星期里,你依然表现得很好,那么我就会把你的时间都交给你安排。当然,如果你有一天表现不好,或者是持续地表现不好,那么我就会随时收回这项权利,你明白吗?"乐乐拍着胸脯保证道:"放心吧,我一定能够做到!"

从此之后,妈妈对乐乐的学习关注得比较少,尤其是,对于乐乐完成作业的情况,妈妈非常放心。因为妈妈知道乐乐放学回家的第一时间就会写作业,而且完成作业的质量非常高。就这样,乐乐得到了妈妈的信任,妈妈也给了乐乐更多自由。

每个孩子都渴望获得自由,尤其随着不断成长,他们的自我意识越来越强。如果说孩子在小时候要依靠父母的安排和照顾,那么渐渐长大之后,由于他们的自立能力得以发展,因此也就想要挣脱父母的束缚。当遇到这样的情况时,孩子一味地保证自己能把很多事情做好是远远不够的,最重要的是能以实际行动向父母证明自己的确有能力管好自己。

人们常说,自律的孩子更自由,这是因为自律的孩子能够坚持自我管理,父母也就乐于放手。父母养育孩子最终的目的就是希望孩子能够独立,能够自己管好自己,能够经营好自己的人生。如果孩子能够早一些做好自己的事情,对自己负责任,那么父母当然乐于放手。

从孩子的角度来说，要想获得更多的自由，只靠着向父母说明诉求是远远不够的。聪明的孩子很清楚，他们必须在没有父母监管的情况下做好很多事情，因为只有这样，父母才会放心地把这些事情彻底交给他们自主决定和操作。要想培养孩子的自律性，父母要循序渐进，而不能突然间对孩子放手。还需要注意的是，父母对孩子放手并不意味着对孩子放任不管，而是要对孩子加以引导。具体来说，父母要做到以下几点。

首先，让孩子做到自己的事情自己做。很多孩子已经具备了独立做好事情的能力，但是父母却不愿意把这些事情交给孩子做。这样一来，就会阻碍孩子的成长。明智的父母应该及时放手，给孩子机会锻炼自己各个方面的能力，这样孩子才会成长得更快。

其次，让孩子养成今日事今日毕的好习惯。很多父母都为孩子的课后作业而发愁，这是因为有些孩子拖延完成课后作业，还常常想各种办法偷懒磨蹭。面对这样的孩子，父母即使再三催促也收效甚微，最根本的解决办法是让孩子养成今日事今日毕的好习惯，每天放学回家第一时间就写作业。当孩子形成了这样的好习惯之后，父母即使不在旁边督促孩子，孩子也会主动地完成作业，而无需父母操心劳神。

再次，营造良好的家庭氛围。所有的家庭成员都应该坚持自律。在有些家庭里，父母本身自我管理的能力很差，常常放纵自己，这给孩子树立了糟糕的榜样。同时他们还忽略了孩子的眼睛始终在看着他们，孩子会把父母的一言一行、一举一动都看在眼里，也常常会在无意或者有意间模仿父母的行为。有些父母本身就做得非常糟糕，即使管理孩子，孩子也会不服气。所以，父母首先要自己做得很好，还要营造积极向上的家庭氛围，只有这样才能给孩子更加积极的力量。

最后，要给孩子尝试的机会。孩子是充满好奇心的，他们有强烈的欲望想要证明自己的能力。在这种情况下，如果父母把孩子管得很死，不给孩子任何尝试的机会，那么孩子就无法做到更好，也无法证明自己的能力。其实，父母在保证孩子安全的情况下，无需对孩子所有的事情都牢牢控制，而是应该给予孩子自由的空间，让孩子在自由的空间里成长。在孩子成长的过程中，随着孩子的能力不断增强，父母还要及时扩大孩子的活动范围，这样孩子就会像花盆里的花一样，随着根部的盆换得越来越大，花开得越来越茂盛。

让孩子自主安排时间

姗姗九岁了，正在读小学三年级。每天晚上，因为姗姗拖延写作业，妈妈都会和姗姗之间爆发大战，所以爸爸只要吃完饭就会赶紧躲出家门，或者出去跑步，或者出去散步，总之，他可不想留在家里被妈妈和姗姗之间的战火牵连。

这不，刚刚吃完晚饭，姗姗又打开电视机，开始津津有味地看动画片。动画片的确很精彩,姗姗看得特别投入,她一边看动画片,一边发出快乐的笑声。一集动画片结束的时候,姗姗突然问爸爸:"爸爸,现在几点了?"爸爸看了看挂钟,对姗姗说:"现在已经七点钟了。"妈妈原本以为姗姗问完时间之后会积极主动地做作业,却没想到姗姗问完几点之后,马上又开始看下一集动画片。

这个时候,妈妈有些恼火地说:"姗姗,都已经七点了,你还不开始写作业吗?"姗姗头也不回,对妈妈说:"我看一会儿动画片再写作业。"妈妈不由得生气地喊道:"每个小朋友回家第一件事情都应该先完成作业,再吃饭,再看电视,而你却把顺序完全颠倒了,你先吃饭,再看电视,等到很晚的时候才开始写作业,所以每天都要写到深夜,这不但影响你自己的睡眠,也影响我们休息,你可真是一个不负责任的孩子!"

尽管妈妈长篇大论地说了很多,姗姗的目光却依然没有从电视上移开。妈妈火冒三丈,走过去拿起电视遥控器,对着姗姗的脸说:"现在,我要把电视关掉,你马上去写作业!"姗姗看到妈妈动真格的了,当即哭喊起来说:"我要看完这一集再写作业,这集马上就要结束了!"妈妈丝毫不理会姗姗的哭闹,对姗姗说:"如果你想看完一集动画片再做作业,刚才看完第一集的时候,你就应该主动关掉电视。现在,你已经开始看新的一集动画片,却还要求看完电视再写作业,你不觉得很过分吗?"

说着,妈妈关掉了电视,姗姗大哭大闹起来。这个时候,爸爸准备趁机开溜,妈妈突然喊住爸爸问:"你要去哪里呀?

合理规划，做时间的领跑者 第七章

你天天晚上就想出去躲着，你就不能看着姗姗写作业吗？"爸爸当然知道妈妈很辛苦，但是他也觉得姗姗很可怜。他接连摆手说："我吃的太多了，出去散散步，消消食。"就这样，硝烟弥漫的家里只剩下姗姗和妈妈了。爸爸在外面闲逛了很长时间，回到家里之后，他看到姗姗正带着泪痕趴在书桌上写作业，而妈妈呢，正气鼓鼓地坐在沙发上盯着姗姗的后背。

夜晚，姗姗已经睡着了，爸爸建议妈妈："我觉得咱们每天晚上这样和姗姗吵架并不是解决问题的办法。姗姗长大了，已经上三年级了，咱们应该适当放手，让她学会自主管理时间。我想，对于我们安排的时间计划，她非常抵触。但是对于她自己安排的时间计划，她应该能够积极地执行。不如，我们让姗姗亲自规划每天晚上的时间吧。"

听到爸爸这么说，妈妈简直觉得是天方夜谭。她不屑一顾地哼了几声，说道："父母盯着她，她都不愿意配合，你觉得给她自由，她还愿意写作业吗？"爸爸不甘心地说："我认为这个方法还是可以尝试一下的。今天，我在外面散步的时候遇到了一个家长。她说她们就这样给孩子自主权，教会孩子安排自己的生活，孩子反而表现得更好。"

在爸爸的强烈建议下，妈妈采取了这样的方法对待姗姗。她让姗姗自己制订了时间计划，安排好自己每天的生活。爸爸妈妈都没有对姗姗制定的计划提出异议，虽然姗姗规定自己每天可以看一个小时电视，但是妈妈认为只要姗姗能够保质保量

121

地完成学校的作业，这样做并非不可。就在妈妈对姗姗的计划忐忑不安的时候，姗姗果然按照计划按部就班地展开了行动。例如，她一回家就开始写作业，写完作业之后吃饭，吃完饭后看一个小时电视。有的时候，姗姗还会在吃饭休息片刻之后就去洗澡，等到看完电视，头发也就干了。看到姗姗把自己的业余生活安排得这么丰富充实，妈妈如释重负，对爸爸说："早知道给孩子自由就能让孩子管好自己，我又何必气得心脏病发作呢？"

大多数父母都坚持孩子回家第一件事就要写作业，也有少部分父母认为可以让孩子自主地安排时间。对于父母而言，只要孩子能够保质保量，在正常的时间内完成作业，顺序的先后并不是那么重要的，就像父母有权力决定自己是先吃饭，还是先喝汤，或者先吃菜一样，孩子也可以决定自己是先完成作业，还是先吃饭，或者是先进行一定的娱乐活动，再去身心投入地学习。大多数孩子放学时已经三点多了，如果他们不在外面玩耍，等到回到家里写完作业时大概是六点钟。这个时候再出来玩耍时，夏天还好，天色还亮，冬天的话，天就已经黑了。所以哪怕孩子提出放学之后先在外面玩半个小时，五点再回家写作业，也是合情合理的要求。

具体而言，父母要引导孩子自主地管理时间，就应该给孩子设定一个框架，而不要对孩子过于放纵。父母对孩子放手并不是对孩子放任不管，而是要引导孩子做得更好。

首先，父母可以规定孩子在每天下午用多长时间进行休息娱乐。例如，如果规定孩子有半个小时的休息娱乐时间，那么，哪怕孩子一放学就要在小区的公园里玩耍，父母也不应该表示反对，毕竟这只是时间的先后顺序问题。只要孩子不因为玩耍而影响学习，父母就要对孩子表示支持。

其次，父母要帮助孩子树立时间观念，形成时间意识。大多数孩子对于时间都没有明确的观念，他们虽然说要玩半个小时，但是有可能玩了整整一个小时都还意犹未尽。在这种情况下，父母要使用必要的计时器帮助孩子计时，也可以让孩子自己计量时间，这样孩子到了约定的时间之后，就只能鸣锣收兵，回家写作业了。

再次，引导孩子制订计划。很多孩子做事情都是没有计划的，他们随心所欲，又因为还没有形成时间观念，所以往往把学习生活搞得一团糟。父母要引导孩子制订计划，也要让孩子知道计划的重要。所谓计划，就是预先规定什么时间休息，什么时间学习，并且要督促孩子严格地执行计划，从而促使孩子在计划的指引下紧张但有序地生活。

最后，鉴于很多孩子没有时间观念，哪怕情况已经非常危急，他们也依然不能做到珍惜时间的这种现状，父母可以经常与孩子核对还剩下多少时间，也可以采取倒计时的方法给孩子增强紧迫感。例如，当孩子即将高考的时候，父母可以在家里制定高考的倒计时牌，让孩子看到时间一天比一天少，这样孩子就会明确感受到时间的流逝。当然，如果孩子需要很短的时间，那么父母可以为孩子提供沙漏或者番茄闹钟，让孩子亲眼看到沙漏中的沙越来越少,或者听到番茄闹钟滴滴答答一刻也不停地往前走的脚步声,这样孩子就会情不自禁地加快速度,从而促使孩子尽快完成任务。

时间是每个人做任何事情都需要消耗的成本,孩子不管做什么事情都需要时间。父母要想督促孩子高效率地学习,就要帮助孩子掌控时间。如果孩子对于时间的流逝无知无觉,而且对于时间的流逝采取无所谓的态度,那么他们就不能争分夺秒地投入学习,快乐成长。作为父母,一味地催促和督促孩子未必能够起到良好的效果。明智的父母要及时对孩子放手,给孩子自主安排时间的机会。孩子只有真正成为自己的主人,才能成为时间的主人,这一点是毋庸置疑的。

在日常与孩子沟通的过程中,父母还可以经常与孩子交流一些关于时间的名人名言,或者是谚语俗语等。这些能够帮助孩子了解和认识到时间的重要性。此外,在孩子的书桌上,也可以张贴一些催人上进的警示语,这都会在潜移默化中提醒孩子珍惜时间。

最重要的是,父母要为孩子树立积极的榜样。现实生活中,很多父母本身没有时间意识,对于时间的安排和规划也极其糟糕。如果孩子在家庭生活中总是看到父母手忙脚乱的样子,那么他们就会认为生活本来就应该如同一团乱麻,而不是秩序井然的。相反,如果父母能够在有限的时间内做更多的事情,而且把每件事情都安排得井井有条,尽量争取达到最好的结果,那么孩子就会在潜移默化中受到父母的积极影响,也会争取做到和父母一样成为时间的主人。

激发孩子管理时间的热情

小泽六岁了，今年暑假升入小学一年级，成为了一名不折不扣的小豆包。在幼儿园阶段，小泽每天早上都迟到，是班级里不折不扣的迟到大王。他从来不在幼儿园里吃早点，这是因为他到幼儿园太晚了，所以他只能在家里吃得饱饱的再去幼儿园。升入小学一年级之后，小泽如果继续这样迟到下去可是不行的，别说爸爸妈妈不好意思，小泽自己也不好意思。况且，学校和老师也不允许孩子经常迟到，这会破坏班级的学习氛围啊！

迟到的坏习惯要想突然之间改掉，谈何容易呢？开学一个多月，小泽还是迟到了几次。虽然和幼儿园时期相比，小泽迟到的情况已经变好了，但是老师对此还是很不满意。学校里开展小红花的活动，很多同学都得到了一些小红花，但是小泽却因为总是迟到，学习表现不佳，从来没有得到过小红花。小泽每天放学回到家里都会对爸爸妈妈说："明天，我一定要非常努力，我要得到小红花。"然而，第二天他不是迟到，就是不遵守课堂纪律，总之还是没有得到小红花。

有一天晚上，小泽梦到自己得到了小红花，兴奋得大喊大叫。得知小泽的梦后，爸爸妈妈愧疚不已。他们知道都是因为他们很不注重培养小泽的时间观念，所以小泽才会在刚刚开学时就给老师留下了糟糕的印象。

开学一个多月了，班级里有的同学已经得到了十几朵小红花，但是小泽却连一朵小红花都没有得到。有一天放学回到家里，小泽伤心地对爸爸妈妈说："我一定要得到小红花！"爸爸妈妈决定帮助小泽。他们和老师沟通后得知，小泽之所以得不到小红花，是因为经常迟到，所以他们必须先帮助小泽改掉迟到的坏习惯。具体要怎么做呢？爸爸妈妈协商一致，决定为小泽制定一个时间表，让小泽能够根据时间表的提示更好地管理时间。

时间表制定出来以后，小泽一改往日里慵懒懈怠的模样。早晨起床的时候，不需要爸爸妈妈喊，只要闹铃一响，小泽就马上起床。看到小泽这么精神饱满，爸爸妈妈不停地激励小泽，希望小泽能够再接再厉，表现得更好。最终，小泽通过不懈努力，不但得到了小红花，而且成为了班级里讲文明守纪律的标兵，再也没有迟到过。

小泽在幼儿园的时候之所以经常迟到，不仅仅是因为他非常懒惰，也是因为爸爸妈妈没有有意识地培养他的时间观念。在进入小学之后，小泽意识到经常迟到得不到小红花，因而非常伤心。他决定接受爸爸妈妈的帮助，从被时间追着往前跑到摇身一变成为时间的主人，最终他如愿以偿，不仅得到了小红花，还受到了学校的表彰呢。

很多父母都为孩子不能遵守时间而烦恼，同时也非常纳闷：到底如何做，才能让孩子成为时间的主人呢？其实，制定时间表是非常有意义的方法。孩子通过时间表能够把无形的时间变成有形的时间，也可以看到自己对于时间掌控的情况。所以，父母要想引导孩子掌控时间，就要为孩子制定时间表。在制定时间表的时候，父母应该主动邀请孩子参与其中，这样孩子才能更好地执行时间计划。

其次，在帮助孩子安排时间的时候，父母不要过于强势，而要尊重孩子的意见，让孩子自主地选择自己喜欢做的事情。人们常说，兴趣是最好的老师，兴趣不但是孩子做事情的好老师，也是孩子安排时间的好老师。很多细心的父母会发现，孩子在做感兴趣的事情时往往非常积极主动，而在做自己不感兴趣的事情或者讨厌的事情时就会无故拖延，试图逃避，或者错误百出。父母要想让孩子从被动到主动，就要让孩子选择自己喜欢的事情去做。

最后，在管理时间的过程中，孩子一定会遇到很多困难，例如他们承担的任务可能是非常艰巨的，超出了他们的能力范围。如果孩子长期处于沮丧、绝望的状态之中，他们就会感到很无力。明智的父母不会任由孩子自暴自弃，而会在孩子需要的时候对孩子伸出援手。当孩子知难而退的时候，父母不会挖苦、讽刺和打击孩子，而会给予孩子支持和鼓励；当孩子遭遇失败的时候，父母也不会嘲笑孩子能力不足或者侮辱孩子，而会让孩子从失败中汲取经验和教训，再接再厉，绝不放弃。

父母是孩子最信任的人，父母的支持和鼓励能够点燃孩子内心的希望，对于管理时间也同样如此。明智的父母从来不会否定和打击孩子，他们会教会孩子更多积极有效的方式，帮助孩子战胜在管理时间的过程中遇到的重重困难，也会竭尽所能地支持孩子，鼓励孩子实现既定的目标。

拆分目标，让成功指日可待

过于远大、不切实际的目标往往会让孩子产生畏难情绪，还会让他们信心动摇而想放弃，这是因为如果孩子不管怎么努力都不能实现目标，就会由此感受到深深的挫败感。从这一点上来看，在为孩子制定目标的时候，为了督促孩子坚决执行计划，父母应该制定一个切实可行的目标。所谓切实可行，指的是目标的难度应该以孩子稍微努力就能实现为标准，如果在实现目标的过程中能够让孩子感受到成功的喜悦，那么这对孩子来说就会有更好的激励效果，这样孩子也能始终保持积极向上的动力，还能在奋斗的过程中始终满怀热情。

在制定目标的时候，除了要考虑孩子的实际情况之外，父母还可以对远大的目标进行拆分，把远期目标分为中期目标和短期目标，这样孩子每实现一个短期目标，就能获得成就感，得到激励，成功也就指日可待了。

日本马拉松选手山田本一在连续两届马拉松国际比赛中都

获得了冠军，刚开始时，记者闻讯赶来采访他获得冠军有什么感想，他说自己是凭着智慧取胜的。记者却对他的回答并不满意，他们认为：众所周知，跑马拉松和体力与耐力有关，而与短跑的爆发力没有太密切的关系，又怎么会与智慧有关系呢？记者断言山田本一一定是在故弄玄虚。直到十几年后，山田本一出版了自传，人们才知道他所说的凭取智慧取胜是什么意思。

原来，每次在参加马拉松比赛之前，山田本一都会认真地参观赛道，他会亲自把赛道跑一遍，而且会拿着本子和笔对赛道沿途具有标志性的东西进行记录，从而以这些标志物进行划分，把漫长的赛道变成了若干个短途赛道。在奔跑的过程中，他没有想着遥遥无期的终极目标，而是想着自己的下一个近期目标。随着超越一个又一个标志物，山田本一距离终点越来越近。其实，在成长过程中，孩子也应该这么做。例如，让一个一年级的小豆包幻想考上名牌大学的情景，小豆包一定会认为这个目标不可能实现，但是当小豆包不停地努力、成长，终于有一天考入高中，他们就会觉得大学触手可及了。

现实生活中，之所以很多人都能够获得成功，而很多人却总是与失败结缘，并非因为前者有独特的天赋，也并非因为后者在个人条件方面非常糟糕，而是因为前者能够在遭遇失败的时候坚持激励自己，努力奋起。后者呢？他们因为长期努力却得不到回应，所以渐渐地陷入自暴自弃的怪圈之中，不愿意继续努力。由此可见，拆分目标对于促使人们获得成功，对于大多数人们坚决执行计划都是很重要的。尤其是孩子的自控力原本就有限，他们更需要一直得到激励，才能保持强劲的发展势头。

佳怡是个胖姑娘，才上小学三年级，体重就已经达到了120斤。看着自己臃肿的身材，看到其他女同学穿着漂亮的裙子，佳怡常常百感交集。她也想和其他女生一样把自己打扮得漂漂亮亮，但是她太胖了，不得不买成人的衣服穿。看到佳怡因为肥胖而苦恼，妈妈为佳怡制订了减肥计划，她初步想让佳怡减到80斤。这意味着，120斤的佳怡要成功减重40斤。对于这个目标，佳怡的压力很大。在制定了目标之后，佳怡虽然有的时候能控制自己少吃或者不吃晚饭，但是她的体重却经常出现反弹的情况。一旦发现自己的体重没有如愿以偿地减轻，佳怡就会感到很沮丧，还会暴饮暴食，这使得她的体重非但没有减少，反而还增加了几斤。看到这样的结果，佳怡简直要崩溃了。

妈妈意识到减肥到80斤的目标带给了佳怡过强的压力，因而重新为佳怡制定了目标，那就是在一个月之内减下来两斤。听到这个目标，佳怡感到非常轻松，她对妈妈说："减下来两斤，我甚至可以在一天之内做到。只要今天不吃饭，少喝水，我就能减重两斤了。"妈妈笑着说："你这可不是减肥了两斤，而是饿瘦了两斤水。你一天不喝水也能减几斤，但这并不是真正减重。妈妈想让你在保持身体健康的情况下减轻体重，所以我们这次不要着急，慢慢来，好吗？"

在妈妈的鼓励下，佳怡坚持合理饮食，适度运动，一个月下来,她居然减轻了四斤。看到自己超倍完成了目标,佳怡兴奋极了。她很想奖励自己吃一个冰激凌,但是一想到自己千辛万苦才达到这个目标,于是又决定继续坚持,继续努力。就这样,在一年的时间里,佳怡成功减重30多斤,虽然距离40斤的目标还相差一小步,但是她仿佛变了一个人,变得苗条又美丽,充满了自信,性格也越来越开朗。相信佳怡只要继续保持好心态,就一定能够实现减重40斤的目标!

妈妈没有改变远大的目标,只是把减重40斤的目标进行了拆分,拆分到每个月减掉两斤。在这么做的同时,妈妈也缓解了佳怡巨大的精神压力,使得压力分散到每个月的目标任务中。这样的改变之后,佳怡非但不觉得目标难以实现,反而觉得很轻松。

很多人因为被远大的目标吓住,因而选择了放弃,这使得他们彻底与成功绝缘,而与失败结缘,甚至与失败成为了形影不离的双胞胎。实际上,进行拆分目标是一件很容易做到的事情,只要做到科学合理即可。当孩子根据拆分的目标一步一步向前努力的时候,他们就会距离自己最终的目标越来越近。

除了拆分目标之外,父母还可以引导孩子幻想在真正实现目标之后,将会出现怎样的情形。例如,在这个事例中,妈妈可以引导佳怡幻想成功减重40斤之后,她就能穿上漂亮的公主裙,像公主一样美丽啦!这样的画面会给佳怡强大的动力,尤其是当佳怡亲自描述出这样的场景时,她的内心一定充满了奋斗的力量。

有些孩子在制定好目标之后,由于缺乏自控力,会沮丧地认为实现目标遥遥无期。这是因为他们觉得目标很难实现，因而陷入拖延状态之中，或者因为觉得目标根本不可能实现而选择放弃。只有限期实现目标，才能对孩子起到更强的激励作用。孩子的惰性是很强的，如果能够趁着制定目标的劲头，在最短的时间内尽快实现目标，那么孩子就会有更好的表现。反之，孩子在实现目标的过程中拖延的时间越长，他们的惰性就会越强，他们就越不会采取行动。父母在帮助孩子拆分目标的时候，还要为孩子限定时间，给孩子一个期限，让孩子能够在期限之内完成小目标，获得成就感，这对于孩子积极地实现每一个目标都是很有帮助的。

拆分目标的方法不仅适用于孩子，也适用于成人。成人在面对人生中的诸多目标时，也可以对目标进行拆分。远大的目标固然能够为我们明确方向，激励我们充满动力，却不能鼓舞我们坚持不懈地勇往直前。只有近期的小目标，才能指引我们无所畏惧，排除万难，勇往直前。

在此过程中，孩子一直在努力地展开行动，自然也就能节省时间。否则，如果孩子始终在拖延实现目标，也不愿意当即踏上实现目标的旅程，那么就会在不知不觉间浪费大量时间。生命的时光是非常宝贵的，有人说，人生如同白驹过隙，这句话告诉我们，人生也是非常宝贵的。在这样的情况下，每个人都必须争分夺秒，才能实现一个又一个目标，也才能让人生如同我们所期望的那样充实美满。

第八章

合理规划,做时间的领跑者

善于利用时间的人能够让时间成倍增值,而不善于利用时间的人只会白白浪费时间。为了培养孩子树立正确的时间观念,养成珍惜时间的好习惯,父母要教会孩子合理规划时间,这样孩子才不会被时间追赶着仓促地往前跑,而是能够成为时间的领跑者,让时间发挥最大的效力。

三思而后行才能节省时间

很多孩子在做事情的时候，他们不愿意沉下心来用心思考，总是迫不及待地动手去做，看起来他们是在节省时间，实际上一旦对时间的利用不够充分，再因为仓促而做出了错误的决策，那么他们就会极大地浪费时间。俗话说，磨刀不误砍柴工，要想砍更多柴，我们就必须把刀磨得更锋利。如果我们拿着一把很迟钝的刀上山砍柴，即使我们花费了很多时间，也未必会有所收获。时间的利用情况也完全符合这个道理。

人们常说，心急吃不了热豆腐。有的时候越是面对艰巨的任务，孩子们就越是迫不及待，实际上这恰恰会导致事与愿违。当任务非常艰巨，难度也很大的时候，孩子们就越是应该沉下心来，心平气和地进行细致的思考，这样才能对时间加以充分利用，也才能进行统筹规划，真正做到胸有成竹，从而顺利地解决问题。

作为父母，要想培养孩子养成三思而后行、节省时间的好习惯，就不要在孩子做事情的时候不停地催促孩子。明智的父母知道全面的思考和统筹的规划对于解决问题是更有帮助的。所以在孩子做事情之前，如果父母发现孩子非常急躁，并且迫不及待、急功近利，那么父母就应该引导孩子多多思考，也要让孩子想出有效的对策与方法，这样才能起到事半功倍的效果，也才能真正获得成功。美国大名鼎鼎的生物学家诺曼·卡曾斯说过，花费越多的时间用于思考，我们就越能够节省做事情的时间，这充分告诉我们提前谋划是多么重要。

趁着休息，爸爸带豆豆去游乐场里玩。游乐场里有很多好玩的项目，豆豆坐完了最喜欢的大摆锤、海盗船之后，决定和爸爸一起去玩游乐场里的新项目——闯迷宫。这个项目占地很大，而且迷宫里有很多吓人的东西，看到豆豆兴致勃勃的样子，爸爸当即答应了豆豆的请求。不过他提醒豆豆："豆豆，闯迷宫可不是只凭着勇敢就能做好的事情，而是要靠着智力，要用聪明的脑袋去解决问题。"豆豆不以为然地拉着爸爸就往迷宫里闯，说："哎呀，爸爸，我们一定要勇敢。这里面有很多吓人的东西，我觉得我们只要勇敢，就一定能走出去。"爸爸决定不再劝说豆豆，而是和豆豆一起接受教训，积累经验。

大概走了十分钟，豆豆还没有走出这片迷宫，他不由得着急起来。他不停地抱怨着这个迷宫太大了，爸爸对豆豆说："其实，刚才我想建议先去坐摩天轮，这样我们就可以从高处俯瞰迷宫的全貌了。虽然迷宫很大，但一定是有规律的。只要我们能够把整个迷宫放在心里，就可以顺着路线走出去。但是你认为勇敢最重要，所以爸爸就只能跟你来随便地闯一闯啦。"

豆豆说："坐一趟摩天轮要将近半个小时呢，这样我们不是在浪费时间吗?"爸爸哈哈大笑起来,说:"有的时候看起来是快,实际上是慢;有的时候看起来慢,实际上却是快。坐完摩天轮再来闯迷宫,看起来浪费了坐摩天轮的时间,实际上我们却能很快就走出迷宫,这样反而节省了时间。"

果然,如爸爸所说的一样,豆豆和爸爸在迷宫里误打误撞一个小时才走出去。后来,豆豆决定验证爸爸所说的话,他和爸爸一起去坐了摩天轮,而后又来闯了一遍迷宫。这次他们只用了十分钟就走出了迷宫。豆豆钦佩地对爸爸说:"爸爸,你可真是利用时间的高手呀!我要好好向你学习。"

爸爸诚恳地说:"每个人都要在错误中获得成长。虽然我们这次闯迷宫用了很长时间,但是这也不算真正的错误,因为我们从中获得了经验。在做其他事情的时候,我们要未雨绸缪,尽量珍惜时间,好不好?"豆豆重重地点点头。

孩子很难真正区分相对的快与慢,他们只是对绝对的时间有了一定的了解。在培养和教育孩子的过程中,父母要引导孩子知道什么才是真正的快和慢。具体来说,父母要引导孩子三思而后行,就要做到以下几点。

首先,父母不要总是不由分说地给孩子提出意见,或者安排孩子应该怎么去做。父母要给孩子进行独立思考的机会。就像上述事例中,爸爸原本是想建议豆豆先坐摩天轮再来闯迷宫,但是看到豆豆勇敢地往前闯,爸爸把想说的话咽到了肚子里,决定和豆豆一起闯迷宫。这样一来,爸爸就陪着豆豆体验了闯迷宫的过程,并且顺理成章地为豆豆揭示了一个深刻的道理。有些父母人生经验丰富,常常会在孩子没有做某件事情的时候就对孩子指手划脚,这往往会引起孩子的反感。

其次,除了要让孩子独立思考之外,还要让孩子预估自己的能力是否能够独立完成某件事情。如果孩子能够独立完成某件事情,那么父母应该大力支持他们;如果孩子能力不足,那么父母可以给予他们一定的帮助;如果孩子自不量力,非要做超出自己能力范围的事情,并且可能因此而面对危险,那么父母要给孩子讲清楚其中的道理,并且要帮助孩子想出更好的办法解决问题。

再次,既然我们本书的主旨是为了节省时间,那么在孩子做事情之前引导孩子独立思考的过程中,父母应该有针对性地引导孩子思考如何才能节省时间,提高效率。例如孩子在同时做几件事情的时候,因为不懂得统筹的方法,所以会手忙脚乱。父母可以引导孩子统筹安排事情,并且根据事情的轻重缓急给事情排序,这样孩子对于时间的思路会越来越清晰。

最后,引导孩子进行自我反思。一个人不管做什么事情,只有坚持自我反思,知道自己在哪些地方做得好,哪些地方做得不好,才能有所改进。孩子同样如此。父母在引导孩子做事情的过程中,要让孩子进行反思,唯有如此,孩子才能做得更快更好。

俗话说,不经历无以成经验,哪怕孩子犯下了一些错误,父母也不要因此而批评和否定孩子。对于孩子而言，成长是一个漫长的过程，他们必须非常努力，才能让自己在各个方面都获得进步。父母是孩子的引导者，不是孩子的监工，也不是孩子的评判者，而应该成为孩子的陪伴者。陪伴孩子一起努力前行，这才是父母最应该做到的事情。

一日之计在于晨

常言道，一年之计在于春，一日之计在于晨。对于孩子而言，要想充实地度过一天，就一定要做好每日计划。有些孩子浑浑噩噩地度过一天，尤其是在不上学的日子里，他们会睡到日上三竿才起床，磨磨蹭蹭地洗漱吃饭，下午又开始看电视，等到了晚上，终于想起做起来需要做作业、读书的时候，却又感到困倦了，这样看来，他们的一天过得没有任何价值和意义。

《明日歌》中写道："明日复明日，明日何其多，我生待明日，万事成蹉跎。"这首《明日歌》告诉我们，虽然我们凡事都等待明天去做，但是明天却不是用不尽的，明天永远不会到来，当我们浪费了每一个今天，明天也就失去了生命力。人应该有活在当下的精神，不管有什么好的想法或者是好的计划，都要当即执行，而不要总是把一切都寄希望于明天。只有把当下的每一个今天都过好，我们才能拥有无悔无怨的昨天，也才能拥有值得期待的明天。

要想充实地度过今天,最重要的在于早晨。早晨,我们应该制定一天的日程安排,规定自己这一天中要做哪些重要的事情,既要有充实度过的时光,也要有娱乐休闲的时光,这样才能做到劳逸结合,也才能让自己在时间的河流中从容不迫。

雅菲今年12岁了,是一名六年级的小学生。每到周末,雅菲就会跟随爸爸妈妈去超市进行大采购。因为经常进出超市,所以雅菲对各种商品都非常了解,还会观察哪些商品车正在进行大力促销,购买这些商品会非常划算。不过雅菲也有一个缺点,她逛超市的时候总是漫无目的、毫无重点,所以往往爸爸妈妈只需要半个小时就完成了采购,雅菲却要在超市里游来荡去两个小时才愿意离开。因为在超市里消磨了太多时间,整个上午所剩无几,雅菲和爸爸妈妈回到家里简单收拾一下就到了午饭时间,整个上午根本做不了其他事情。

中午吃完午饭,因为平日里上学起得非常早,所以雅菲觉得很困倦,就会睡午觉。雅菲可真是睡午觉的大神啊,别人睡午觉只睡半个小时到一个小时,她却要睡五六个小时,能睡到傍晚吃晚饭的时候。吃完了晚饭,她昏昏沉沉的,又想看电视。大多数情况下,周六这一天,雅菲从来不写作业。以前,这样的安排倒也还好,但是进入六年级之后,作业量越来越大,雅菲利用周日一天根本不能完成所有的作业,这使她感到应接不暇。看到雅菲在学习上越来越被动,妈妈意识到只有教会雅菲制定计划，才能让雅菲成为时间的主人。

在妈妈的引导下，雅菲渐渐意识到用半天时间逛超市是很浪费时间的行为，所以她为自己制订了严格的计划，例如早上八点起床，八点半去超市，九点半到家开始写作业，十一点半吃饭，十二点睡觉，睡到两点钟起床学习。看到雅菲的计划，妈妈忍不住摇头。雅菲看到妈妈的动作，担心地问："是不是我制定的计划太松散了？"妈妈说："不是太松散了，而是恰恰相反，你制定的计划太严苛了。例如你规定八点半去超市，九点半到家开始写作业，我们在超市来回路上就要走十分钟，这样在超市里就只有40分钟。虽然平时我们40分钟也可以买完所有的东西，但是一旦限定了时间，就会感到很紧张。你可以规定去超市来回花费一个半小时，这样我们可以略微从容一些，即使早一些回家，也可以简单收拾收拾，而不至于影响下一步的时间安排。"

妈妈帮助雅菲把时间进行了调整，最终得到了一个合理的计划表。从此之后，雅菲每天早晨起床后，就会在计划表里填写相应的内容，然后按照计划表去开展行动。渐渐地，雅菲的周末过得越来越充实愉快，在学习上的表现也越来越好了。

是浑浑噩噩地度过一天，还是充实快乐地度过一天，这是每个人都要面对的选择。既然无所事事也是度过一天，充实快乐也是度过一天，我们当然要充实快乐地度过每一天，我们还要做出更好的表现，这样才能成为时间的主人。

很多父母本身就特别喜欢睡懒觉，他们在休息日的时候往往睡到日上三竿，一天就这样随意懒散地度过了。其实这给孩子树立了很糟糕的榜样，父母要想让孩子制订一天的计划，自己首先要为孩子树立好的榜样，对孩子施加积极的影响。如果父母总是当着孩子的面懒散懈怠，那么孩子又怎么能充分利用时间呢？

早晨的时间是至关重要的。清晨是一天的开始，如果我们能够早早起床，和朝阳一起升起，那么我们在一天之中都将精力充沛，神采奕奕。反之，如果我们睡到日上三竿，过了中午才起床，那么我们起床之后就会看到太阳已经开始落下了，这会让我们的心情很糟糕，仿佛颠倒了黑白，做很多事情都觉得时间很紧迫，特别仓促。

孩子们一定要在早晨就做好一天的计划，知道自己在一天之中需要做哪些事情，最好能够根据轻重缓急对事情进行排序，这样才能保证自己始终都在做最重要且最紧急的事情，也才能把事情做得更好。

一年之计在于春

一天的计划是短期计划，一年的计划是中期计划。也许很多孩子已经养成了每天都给自己制订计划的好习惯，但是对于中期计划,他们却很不愿意制定。这是因为他们觉得一年的时间太过漫长,与其为一年制订计划,还不如把每天的计划都做好呢。虽然做好每天的计划是非常重要的,但是却不要因此进入误区,忽视了一年的计划。正是在年度计划的指导下,我们才能做好每天的计划,所以必须充分重视一年的计划,这样才能够给自己制定中期目标,也才能始终坚持朝着目标前进。

新年前后人们都兴高采烈,这是因为新年的到来意味着前一年的结束,新一年的开始。如果我们对于前一年的工作、生活和学习的表现都不满意,那么在新的一年里,我们终于有了重新开始的机会;如果我们在曾经过去的一年里创造了辉煌的成就,那么现在应该把这些成就翻篇,因为接下来我们又要开始创造新的一年。只有怀着这样的理想和心态,我们才能在新年到来之际给自己一个全新的开始。

在很多家庭的传统里,过新年都是非常开心的事,尤其是孩子每到新年既可以穿新衣服,得到压岁钱,要新的礼物,还可以做平时不被父母允许去做的事情。因为很少有父母会在新年到来之际批评和训斥孩子,所以孩子在新年到来的时候往往欢天喜地。父母在陪伴孩子过新年的时候,可不要忘记一件重要的事情,那就是在新年到来之际和孩子一起确立新一年的目标,制订新一年的计划。当然,父母不只要求孩子这么做,而更应该身为表率,自己首先要做到。大多数父母都是职场人士,对于工作也应该有计划和安排,对于生活更是要有憧憬和希望。当父母当着孩子的面表达自己对新一年的希望并制订新年计划时，相信孩子一定会感受到父母的用心，也会学习父母的样子，模仿父母去做。在此过程中，父母对孩子起到了言传身教的作用。

等到过年，琪琪就十岁了。他正在读小学四年级，新年过后，他就会进入四年级下学期紧张忙碌的学习中。妈妈对于琪琪在学习上的表现还是很满意的，不过她希望琪琪能够继续努力，再接再厉。所以借着新年的机会，妈妈召开了家庭会议，对全家人说："新年到来了，从现在开始，我觉得我们要确立一个新的新年传统，那就是在新年到来之际制定一年的计划。"听到妈妈这么说，琪琪当即表示反对，因为他最不喜欢制定计划了。之前正是在妈妈的坚持下，他才制定了每日计划，现在妈妈居然说要制定一年的计划，他想象不到自己在一年的时间里会做哪些事情。这时，妈妈仿佛看穿了琪琪的心思，先对自己的工作进行了阐述。她说："去年，我获得了优秀员工的称号。今年，我要继续努力，争取再次获得优秀员工的称号。去年，我在销售上突破了50万大关。今年，我给自己订的目标是60万。"听到妈妈的话，琪琪有些不屑一顾，他说："妈妈，50万到60万应该是很容易的吧。"妈妈耐心地向琪琪解释："十万到二十万也许很容易，但是五十万到六十万可不容易啊。我们不能心急，心急吃不了热豆腐。只有一步一步地坚持进步，才能获得成功。如果我每年都能把销售额提升十万，那么在不久的将来，我就能够成为公司的销售总监啦。"听到妈妈的话，琪琪忍不住哈哈大笑起来。妈妈顺势引导琪琪说："琪琪，你在学习上也应该为自己制定一个目标。这个目标不需要很远大，而是你通过努力可以实现的。我们全家人都应该有目标。只有在目标的指引下，我们才能奋发图强，努力前进。你说呢？"妈妈说得非常有道理，琪琪只好点了点头，即使心里抵触制订计划，但他也没有其他选择，毕竟妈妈已经做出表率了。

在妈妈的号召下，全家人都制订了新年计划，他们还针对新年计划进行了讨论，主要讨论了新年计划的可行性，憧憬了来年召开新年会议时的情形。如果每个人都能实现新年计划，他们还决定要在来年春节的时候去三亚旅行呢，这可是一个让琪琪非常开心的消息。为了去三亚旅行，琪琪也要努力实现目标。

有了目标的激励，在未来的一年中，琪琪表现得非常好。他在学习上变被动为主动，不需要爸爸妈妈督促和激励，就非常努力用功。看到琪琪的变化，爸爸由衷地对妈妈说："你号召全家人制订新年计划，可真是一个高明的举动啊！"

春天是万物复苏的季节，随着新年的到来，春天的脚步也越来越近了。既然一年之计在于春，那么我们何不趁着新年到来之际为自己制订计划呢？不管是作为父母，还是作为孩子，都需要制订计划，让计划作为自己在一年之中成长的指引。

是否有目标，对于每个人而言将会起到完全不同的效果。

一个人如果没有目标，那么这个人的人生就像在漫无边际的大海上漂泊，四处流浪；一个人如果目标明确，那么不管漂到哪个地方，都能够始终向着自己的目标前行。制订新年的计划，不但为我们确立目标，也为我们明确方向，最重要的是能够时刻鞭策和激励我们朝着目标努力奋进。

很多父母舍本逐末，每时每刻都在督促孩子继续努力，却忽略了如果能够为孩子制定目标，那么孩子就会在目标的激励下始终前行，不需要父母唠唠叨叨、无休止地催促他们。这样一来，亲子关系会更加和谐，孩子的表现也会更好。

时间的主人善于分身

现实生活中，人们常常因为同时要注意很多事情而抱怨自己分身乏术，实际上一个人的确不能像孙悟空一样把自己变出无数个来。也就是说，对于一个人来说，要想在同一时间段做更多事情，是不是不可能实现呢？当然不是，只要能够提升对时间的利用率，我们就可以真正做到分身，不但可以做好自己想做的事情，还能够把自己应该做的事情也做得非常完美。

分身有术，对于时间利用者来说，是一个非常高明的时间掌控技巧。对于刚刚形成时间观念还没有养成珍惜时间良好习惯的孩子而言，要想做到在掌控时间的同时充分利用时间，使自己分身做更多的事情，这显然是难上加难。在此过程中，父母要发挥对孩子的引导作用。极尽所能地帮助孩子对事情进行排序，也根据不同事情的所需要耗费的时间将事情穿插或者同步进行。这样孩子就仿佛长出了四只手来，可以用两只手做本来的事情，也可以用另外的两只手做其他事情。而且这两件事情之间还互不干涉，最终都能够圆满完成，这当然是充分利用时间的好处。

周末，爸爸妈妈因为有事情都离开了家，中午也不回来吃饭了，作为姐姐的安静决定照顾好弟弟安子。

不过，安静可没有时间做那些大餐呀，她还得做作业，看课外书，而且虽然冰箱里有排骨和鱼，但是安静担心自己做不好，而且她知道做这些菜需要很长时间的。所以安静决定做最简单省事的咸米饭，再做一个紫菜蛋花汤。想到这里，安静赶紧把食材都拿出来清洗干净，把米淘好了和其他材料一起放在电饭锅里，然后就开始写作业。蒸好米饭大概需要一个小时，在这段时间里，安静完成了大部分作业。等到米饭快要做好的时候，安静又把电壶里灌满水，烧开了一壶水，这样等到米饭好了之后，她利用开水只需要花费五分钟就能做好紫菜蛋花汤。很快，弟弟就吃上了香喷喷的咸米饭和紫菜蛋花汤。

看到家里乱糟糟的样子，安静想到爸爸妈妈平时都在周末打扫卫生，现在却因为临时有事出门了没有时间打扫卫生。她决定要给爸爸妈妈一个惊喜。这个时候，她把弟弟哄着午睡了，就开始打扫卫生。不过，她没有办法一边打扫卫生一边看书呀。这次，课外阅读的压力还挺大呢。安静灵机一动："我可以让小爱同学把课外书讲给我听啊！"安静让小爱同学调出了课外书的语音资料，然后她一边打扫卫生，一边听小爱同学讲故事。整个下午，她把家里打扫得干干净净，还特别用心地听完了课外书。安静做起与课外书相关的作业特别容易，得心应手，很快就完成了。

在这个事例中，安静之所以能够在一天的时间里做好这么多事情，就是因为她很善于"分身"。原本安静做饭的时候是不能写作业的，但是她做了不需要人在旁边看守的简单饭菜，既营养又美味，还让弟弟吃得非常开心的。下午，安静临时给自己增加了一项任务，那就是把家里打扫干净。但是这样一来，她就没有时间看课外书了，这可怎么办呢？幸好她有智能音箱小爱同学，她让小爱同学给她讲课外书，这样她就腾出了眼睛和手，只需要用耳朵听课外书，还可以用眼睛和手做家务，两不耽误。最终，安静在爸爸妈妈回家之前就完成了所有的任务，这肯定能够给爸爸妈妈一个很大的惊喜！

在现实生活中，很多事情都可是可以同步进行的。原本一个人每次只能做一件事情，当把这些事情同步进行的时候，就会起到更好的效果，也就可以大大地节省时间，这是很重要的"分身"技巧。

再以泡茶为例，如果我们在泡茶的时候先去找茶叶，清洗茶杯茶叶，然后烧水等到水开了才开始泡茶，那么我们泡茶的时间就会很长。在这么做的过程中，我们应该动动脑筋想一想如何分身有术。烧水的时间是比较长的，我们可以先在茶壶里装满水。在烧水的过程中，我们可以清洗茶杯，找出茶叶来冲洗茶叶，这样等到水烧开的时候，我们就可以喝上香喷喷的茶水了。

当然，要想做到真正的分身有术，我们首先要对事情的整体情况有所了解，也要知道哪些环节是可以同步进行的，哪些环节是必须按照先后顺序进行的，这样我们就能够对事情进行合理安排。如果我们想要同步进行的两件事情同样要占用我们的双手和双眼，那么我们就不能同时做这两件事情，否则这就不是统筹安排时间，而变成了三心二意。

其次，充分利用等待的时间。很多事情都是需要等待的，如果我们把等待的时间白白浪费掉，那么就必须花更多的时间去做其他工作。在等待的时候，如果我们没有更好的安排，那么可以做一些辅助性的工作，这样我们就可以节省零碎的时间，让自己拥有大段的时间去做其他更重要的事情。

再次，不管做什么事情，都要养成把东西随手放回原处的好习惯。很多孩子在做事情的时候总是毛手毛脚的，尤其在拿起东西用完之后，往往不知道要把东西放回原处，这使得他们在使用东西的时候常常找不到东西放在哪里。如果能够把东西放在固定的地方，每次使用东西就去固定的地方寻找，那么找东西的时间就可以节省下来了。

最后,要保证做事情的效果。充分利用时间并不意味着我们要敷衍了事,而是说我们要在保质保量完成某些事情的情况下尽量节省时间,只有如此,我们才能顺利地达到目的。如果为了节省时间就仓促地应付一些事情,日久天长,我们就会养成敷衍了事的坏习惯,导致效率降低。节省时间并不是我们最终极目标,把事情做的圆满才是我们的终极目标。只有在保证速度和质量的情况下,再提升速度和效率,这才是真正意义上的节省时间。

一个人只有一双手,两只眼睛,在做事情的时候很难真正做到分身。但是当充分利用时间的时候,我们就可以把同样的时间一分为二,大大提升时间的利用率,这就是我们分身的技巧。

参考文献

[1] 艾格里奇.养育男孩（母亲版）[M].刘海静，译.北京：九州出版社，2018.

[2] 朱凌.自律的孩子更成功[M].北京：中国经济出版社，2019.

[3] 甘开全.儿童时间管理全书[M].苏州：古吴轩出版社，2019.